Millepertuis

Données de catalogage avant publication (Canada)
Bratman, Steven
Millepertuis, la plante du bonheur: un traitement naturel pour combattre la dépression
Traduction de: Beat depression with St. John's Wort
1. Dépression — Médecines parallèles. 2. Millepertuis de Virginie — Emploi en thérapeutique.
3. Herbes — Emploi en thérapeutique. I. Titre.

RC537.B7414 1999   616.85'2706   C98-941661-5

DISTRIBUTEURS EXCLUSIFS:

• Pour le Canada et
les États-Unis:
MESSAGERIES ADP*
955, rue Amherst,
Montréal, Québec
H2L 3K4
Tél.: (514) 523-1182
Télécopieur: (514) 939-0406
* Filiale de Sogides ltée

• Pour la France et
les autres pays:
INTER FORUM
Immeuble Paryseine, 3, Allée de la Seine
94854 Ivry Cedex
Tél.: 01 49 59 11 89/91
Télécopieur: 01 49 59 11 96
Commandes: Tél.: 02 38 32 71 00
            Télécopieur: 02 38 32 71 28

• Pour la Suisse:
DIFFUSION: HAVAS SERVICE SUISSE
Case postale 69 - 1701 Fribourg - Suisse
Tél.: (41-26) 460-80-60
Télécopieur: (41-26) 460-80-68
Internet: www.havas.ch
Email: office@havas.ch
DISTRIBUTION: OLF SA
Z.I. 3, Corminbœuf
Case postale 1061
CH-1701 FRIBOURG
Commandes: Tél.: (41-26) 467-53-33
            Télécopieur: (41-26) 467-54-66

• Pour la Belgique et le Luxembourg:
PRESSES DE BELGIQUE S.A.
Boulevard de l'Europe 117
B-1301 Wavre
Tél.: (010) 42-03-20
Télécopieur: (010) 41-20-24

Pour en savoir davantage sur nos publications,
visitez notre site: www.edhomme.com
Autres sites à visiter: www.edjour.com · www.edtypo.com · www.edvlb.com
www.edhexagone.com · www.edutilis.com

L'ouvrage original américain a été publié
par Prima Publishing,
une division de Prima Communications, Inc.,
sous le titre *Beat Depression with St. John's Wort*

Dépôt légal: 1er trimestre 1999
Bibliothèque nationale du Québec

ISBN 2-7619-1420-1

Millepertuis

la plante du bonheur

Dr Steven Bratman

*Un traitement
naturel pour
combattre
la dépression*

*Traduit de l'américain
par Monique Désy-Proulx*

Note *au lecteur*

En tant que médecin dont la pratique s'inspire d'un mélange d'approches classiques et parallèles, j'ai remarqué au fil des ans que certains traitements de médecines douces fonctionnent réellement, alors que d'autres semblent ne pas valoir grand-chose. Une grande partie de mon travail, en tant que professionnel responsable, consiste à choisir parmi les innombrables traitements offerts et à donner une opinion éclairée sur ceux qui sont vraiment utiles.

Le millepertuis est l'un de ces traitements efficaces. Non seulement les données scientifiques à son sujet sont-elles assez concluantes, mais mes expériences avec les patients, tout comme celles de nombreux autres médecins faisant appel à cette plante dans leur pratique quotidienne, m'ont convaincu que le millepertuis est une solution extraordinaire pour combattre les dépressions légères et moyennes.

Je ne prétends toutefois pas que cela soit une « cure miracle ». On trouve trop de pareilles exagérations dans la documentation sur les médecines douces. Il n'est pas nécessaire qu'un traitement soit « miraculeux » pour être extrêmement utile, et c'est à ce titre que j'aimerais faire connaître le millepertuis, utilisé dans le contexte d'une approche globale des soins de santé.

Dysthymie (dépression légère ou moyenne). Sentiment chronique de dépression, baisse d'énergie, faible estime de soi, manque de concentration, difficulté à prendre des décisions, sentiments de désespoir, perte d'appétit (ou boulimie), insomnie (ou sommeil excessif).

Introduction

Chaque année, des millions de personnes cherchent un traitement contre la dépression, se plaignant de symptômes qui leur nuisent dans leurs relations avec les autres, diminuent leur capacité de travail et les privent de la possibilité de vivre pleinement l'ensemble des expériences affectives que leur offre la vie. Pendant la majeure partie de notre siècle, on a surtout fait appel à la psychothérapie pour combattre les dépressions légères ou moyennes. Mais la psychothérapie est lente, elle coûte cher et n'est pas toujours couronnée de succès. Bien des patients se plaignent de continuer à être déprimés même après des années de psychothérapie par ailleurs très utile.

À la fin des années quatre-vingt, il y eut une révolution dans les traitements contre la dépression: on inventa le Prozac, premier antidépresseur vraiment approprié pour les dépressions légères ou moyennes. Dépassant tous les résultats déjà atteints dans l'usage d'antidépresseurs, le Prozac connut rapidement un succès phénoménal. «Tess», une patiente rendue célèbre par l'ouvrage de Peter Kramer *Listening to Prozac,* s'était elle-même surnommée Mme Prozac, tant elle croyait qu'elle devait au fameux médicament son «charisme, son courage, sa personnalité et ses aptitudes en société». Pendant un certain temps, l'image du Prozac fut tellement bonne qu'on se mit à l'appeler couramment la vitamine P.

Puis vint un ressac; on découvrit que le Prozac n'était pas sans effets secondaires, comme l'avait prétendu le fabricant. Le psychiatre Peter Breggin, auteur de *Talking Back to Prozac,* exigea de connaître les dessous de l'histoire et mit au jour le fait qu'avant le lancement du Prozac, seules 286 personnes, parmi les 1 730 déclarées, avaient vraiment subi tous les tests au sujet de ses effets secondaires. L'expérience révéla aussi que le Prozac (et les autres médicaments semblables) causait souvent des symptômes désagréables, allant de simplement ennuyeux à totalement insupportables.

Plusieurs patients prenant du Prozac se mettent à faire tellement d'insomnie qu'ils doivent prendre un autre médicament le soir pour dormir. Bien des femmes se plaignent que leur libido baisse et qu'elles sont incapables d'atteindre l'orgasme. Parmi les autres problèmes courants, on trouve l'anxiété, l'agitation, de violents maux de tête, des pertes de poids non souhaitées, des tremblements, des sueurs et des pertes de mémoire à court terme.

En outre, il est devenu peu à peu évident que le Prozac produisait rarement les résultats magiques qu'on lui attribuait au début et que même quand on obtenait de bons résultats, il fallait souvent augmenter progressivement les doses pour maintenir ces résultats. Les nouveaux antidépresseurs se sont ainsi avérés moins efficaces et beaucoup plus problématiques qu'on ne l'avait cru au début. Néanmoins, des millions de personnes prennent du Prozac. Bien que plusieurs de ceux et celles qui utilisent ce médicament y trouvent effectivement du soulagement, d'autres y font appel d'abord et avant tout pour la mystique qui y est associée et continuent d'en prendre, plus à cause de l'espoir que le médicament leur donne qu'à cause des résultats dont ces gens sont vraiment témoins.

Il est intéressant de noter qu'au moment où l'on adoptait le Prozac aux États-Unis, il se produisait tout autre chose en Allemagne. Là-bas, au lieu de se tourner vers un nouveau médicament de prescription, les médecins redécouvraient un ancien traitement : le millepertuis. Aujourd'hui en Allemagne, sur l'ensemble des prescriptions d'antidépresseurs, seulement 2 p. 100 sont écrites pour du Prozac ; pour le reste, c'est le millepertuis qui a la cote.

Il peut sembler surprenant qu'une société aussi avancée que celle de l'Allemagne sur le plan technologique puisse faire tant confiance à une plante, mais le millepertuis est en effet une plante remarquable. D'intéressantes recherches menées à double insu auprès d'environ 2 000 patients et publiées dans des revues médicales sérieuses ont démontré que ce traitement traditionnel contre la dépression était sûr et efficace. En outre, lors des essais en clinique effectués par de nombreux psychiatres qui le prescrivent, le millepertuis s'est avéré un meilleur traitement que les thérapies pharmaceutiques pour soigner les dépressions légères et moyennes. Ce traitement est souvent aussi efficace tout en étant beaucoup plus doux; la plupart du temps la plante ne provoque pas de désordres sexuels, d'insomnie, de maux de tête ou d'anxiété.

Comme le disait une patiente : « Prendre du millepertuis, c'est comme remplir un lac goutte à goutte. Sans que je m'en sois vraiment rendu compte, mon sentiment de vide et de désespoir a graduellement fait place à un sentiment de calme tranquille. Avec le Prozac, c'était comme si j'avais reçu en plein visage une décharge de lance-flammes. »

Il vaut presque toujours mieux essayer des traitements doux avant d'adopter des traitements risqués. Mais l'importance du millepertuis ne se limite pas à sa douceur. Pour ce qui est des résultats bruts, les avantages du millepertuis dépassent quelquefois largement tous les médicaments disponibles pour traiter la dépression. Je raconterai plus loin l'histoire d'une patiente en résidence dans une maison de soins qui restait au lit à la suite d'une dépression, bien qu'elle ait essayé successivement le Prozac, le Zoloft et l'Effexor. Après avoir pris du millepertuis pendant deux semaines, elle recommença à marcher, parlant avec le personnel et les patients, et mangeant normalement. Cette plante est puissante; elle peut devenir un moyen véritable et puissant de lutter contre la dépression.

Malgré l'efficacité et la sécurité qu'offre le millepertuis, et bien que son usage ait été largement répandu en Allemagne, on ne connaissait à peu près rien de cette herbe médicinale aux États-Unis, jusqu'à tout récemment. Cette situation a changé du tout au tout au début de 1997, lorsque le *Newsweek* et le *Washington Post,* ainsi que les émissions *USA Weekend* et *20/20* firent paraître des reportages très sérieux qui catapultèrent le millepertuis à l'avant-scène publique. Il semble maintenant hautement probable que les États-Unis imiteront bientôt l'Allemagne et adopteront cette substance naturelle et sûre comme prescription de prédilection pour soigner les dépressions légères ou moyennes.

Le millepertuis n'est cependant pas une panacée. Cette plante a ses qualités et ses défauts, comme tous les médicaments, et j'en parle avec objectivité dans le présent ouvrage. Mais ceux et celles qui cherchent de l'aide pour calmer leurs symptômes de dépression et qui veulent une approche plus douce et plus naturelle que les drogues, pourraient effectivement trouver dans le millepertuis une solution extraordinaire.

CHAPITRE PREMIER

Qu'est-ce que le millepertuis ?

- · Pourquoi l'appelle-t-on le millepertuis ?
- · Que contient cette plante ?
- · Comment s'en servait-on par le passé ?

Connu officiellement comme le *Hypericum perforatum*, le mille-pertuis est une plante vivace aux nombreuses branches et aux fleurs d'un jaune éclatant. Le millepertuis aime les versants exposés au soleil et pousse en terrain sec, dans des pâturages ou des forêts clairsemées, et le long des routes. Le millepertuis est une des plantes sauvages les plus admirées en Allemagne pour ses beaux pétales dorés, mais en observant de près ses feuilles, on découvre un effet artistique encore plus subtil. Quand on les regarde à contre-jour, on voit en filigrane de petits points translucides et joliment parsemés. Ces petites « perforations » lui ont valu son nom d'espèce, *perforatum*.

Une autre caractéristique distinctive de cette plante tient aux multiples points noirs qu'on trouve sur les sépales et les pétales de la fleur. Quand on les presse, ces petits points libèrent un pigment rouge : le « sang » de Saint-Jean*.

Comme toutes les herbes médicinales, le millepertuis est une mauvaise herbe ; et en l'occurrence, c'en est une très vigoureuse.

---

* Cette plante porte également le nom d'herbe de saint Jean.

Quand il fut emmené en Amérique par les Européens, le *Hypericum* devint « indigène » et se répandit comme un fléau sur la côte Nord-Ouest du Pacifique. La plante se répandit dans les pâturages et les ranchs, et menaça de devenir le kudzu du Nord. Étant donné que le bétail, dévorant de grandes quantités de cette herbe, pouvait souffrir de graves coups de soleil, les propriétaires de ranchs de la côte californienne la qualifièrent d'ivraie de Klamath et entreprirent de l'enrayer avec des poisons.

Les herbicides ne réussirent toutefois pas à atteindre le but visé. En 1946, pour effectuer une sorte de contrôle biologique, on introduisit un insecte australien ayant un appétit vorace pour l'herbe en question : la *Chrysolina Quadregemina Rossi*. (Peut-être ces insectes souffraient-ils de dépression chronique, dans la mesure où l'on peut imaginer un insecte déprimé.) Cette nouvelle intervention réussit et, en 10 ans, on réduisit le millepertuis à 1 p. 100 de sa précédente prévalence dans le nord de la Californie. Il est ironique de penser qu'aujourd'hui, ces mêmes insectes risquent de devenir un obstacle à la culture contrôlée du millepertuis.

D'où vient son nom ?

On appelle cette plante *millepertuis* parce que ses feuilles, ponctuées de taches translucides, ont l'air d'être criblées de trous (« pertuis » est un mot ancien pour dire « trou »). Autrefois, on considérait le millepertuis comme une plante magique, capable d'éloigner les influences diaboliques.

En anglais, la plante porte le nom de *St. John's wort*, « wort » étant un mot ancien pour dire plante ou herbe. En français, elle porte aussi le nom d'herbe de saint Jean. On explique de différentes manières le lien établi entre la plante et saint Jean, la plus simple étant peut-être celle qui rappelle que les fleurs de la plante sortent au début de l'été, à l'époque de la Saint-Jean. De plus, dans la tradition chrétienne, saint Jean représente la lumière spirituelle qui descend sur Terre. La couleur jaune des fleurs peut aussi avoir induit les gens à penser qu'il s'agissait de fragments de soleil amenés à ras du sol.

Il est tentant de pousser encore plus loin cette idée et de penser que les effets antidépresseurs de cette herbe ont créé un autre lien avec saint Jean. La lumière spirituelle est l'antithèse de la dépression. Si vous vous sentez dépressif, vous avez peut-être l'impression d'être « plongé dans la noirceur », et quand vous prenez du mieux, vos amis disent sans doute que votre humeur s'est éclaircie. On trouve ce lien même dans les publicités pour les médicaments antidépresseurs, par exemple quand on nous montre un patient sortant du lit et ouvrant une fenêtre inondée de soleil.

Ceux qui prennent du millepertuis rapportent souvent qu'ils sont gagnés par un sentiment intérieur de luminosité croissante. Dans le contexte pieux du Moyen Âge, cette expérience peut très bien avoir été interprétée comme une manifestation de la présence d'un saint illuminé.

Le nom générique latin *Hypericum* possède également une histoire qui en dit long. Selon l'éminent herboriste Christopher Hobbs, la plante aurait eu un nom plus ancien, *Hyperikon,* composé à partir d'une combinaison des mots hyper (au-dessus) et eikon (personnage aux caractéristiques surnaturelles). Hobbs fait un lien entre cette appellation et l'usage traditionnel du millepertuis pour protéger les gens des démons, des sorcières et autres êtres surnaturels. Comme nos ancêtres attribuaient les symptômes de la dépression à l'influence de forces démoniaques, se pourrait-il que le nom *Hypericum* indique que le millepertuis ait été connu pour lutter efficacement contre la dépression ?

Que contient le millepertuis ?

Si l'on fait tremper les fleurs comprimées du millepertuis dans une huile végétale pendant plusieurs semaines, le liquide prend des tons d'un rouge profond, fluorescent dans la lumière du jour. Ce qui rend ce liquide fluorescent est une substance chimique appelée hypéricine, et c'est cette substance qui est le plus souvent citée comme ingrédient actif dans cette herbe. Cela n'a toutefois pas été prouvé avec certitude. Comme toutes les herbes, le millepertuis contient d'innombrables substances chimiques d'origine organique et en différentes concentrations. Il est tout à fait possible qu'un autre ingrédient, ou combinaison d'ingrédients, soit en réalité responsable de l'effet antidépresseur.

Voici une liste abrégée des constituants du millepertuis : flavonols, flavanones, coumarine, xanthome, acides carboxyliques phénoliques, caroténoïdes, phytostérol, alcanols, alcanes, séquiterpènes, monoterpènes et une grande variété de dianthrones (dont l'hypéricine fait partie). Dans un prochain chapitre, nous discuterons plus avant de ce que l'on sait des substances chimiques qui, dans le millepertuis, sont responsables de ses propriétés influant sur l'humeur.

À quoi servait-il par le passé ?

Depuis l'Antiquité grecque, on s'est servi de plantes du genre *Hypericum* pour soigner une variété d'affections, par exemple pour soulager les brûlures et autres blessures de la peau, pour contrer l'effet des morsures de serpent, pour traiter les ulcères et améliorer l'écoulement de l'urine. On utilisait le millepertuis dans les religions celtiques en Grande-Bretagne et, par la suite, l'herbe prit une signification spirituelle secrète parmi les chrétiens. Les herboristes européens l'appellent souvent la *Fuga Dæmonum*, en référence à la croyance très répandue que le millepertuis pouvait chasser les démons.

Ainsi, nous revenons encore aux connotations spirituelles du millepertuis. Il est difficile de s'empêcher d'imaginer que si, anciennement, on accordait des pouvoirs surnaturels au millepertuis, c'était parce qu'on avait découvert depuis longtemps ses vertus antidépressives. Si vous aviez vécu au Moyen Âge et que vous aviez vu votre voisin anéanti par la tristesse, troublé par des sentiments de culpabilité et paralysé par l'angoisse, vous auriez probablement fini par le croire affligé par des démons. Si votre voisin avait alors commencé à boire tous les jours une décoction de millepertuis et qu'il avait cessé d'être «possédé du démon», vous n'auriez pas manqué de songer que l'herbe avait un potentiel magique. Il n'aurait pas fallu bien longtemps avant que vous ayez l'idée d'utiliser cette herbe comme protection symbolique, peut-être en en suspendant un peu à votre cou.

Voici un ancien poème qui illustre clairement cette vénération :

> *St. John's Wort doth charm all the witches away,*
> *If gathered at midnight on the saint's holy day.*
> *And devils and witches have no power to harm*
> *Those that do gather the plant for a charm*.*

Christopher Hobbs
HerbalGram, nᵒˢ 18,19, pp. 25-26, 1989

Si, dans les temps modernes, nous avions les mêmes mœurs, je peux très bien imaginer des gens portant un collier de Prozac en pilules pour écarter leurs idées noires. Même si je n'ai jamais entendu parler d'une telle chose, il n'est pourtant pas du tout inhabituel pour les patients qui prennent du Prozac d'utiliser ce médicament à la manière d'une amulette mentale. Dès qu'ils souffrent d'un rejet ou vivent une expérience risquant de les déprimer, ils se rappellent qu'ils sont « sous la protection du Prozac » et qu'ils n'ont pas à craindre d'échec émotif. Cette façon de se convaincre soi-même est assez intelligente, mais elle équivaut tout de même à utiliser le médicament comme un talisman. À ce titre, nous ne sommes pas différents de nos ancêtres médiévaux, qui se sentaient rassurés par la présence du millepertuis, que ce soit de l'intérieur ou de l'extérieur.

Quand la médecine scientifique commença à prédominer, les références aux effets psychologiques du millepertuis commencèrent à prendre une allure plus moderne. La documentation qui date du tournant du XXᵉ siècle rapporte que l'herbe sert à combattre les déséquilibres nerveux, l'hystérie et la dépression, et on la met dans la catégorie des « toniques nerveux ». Au cours des dernières

---

* Traduction libre : Le millepertuis charme toutes les sorcières s'il est cueilli à minuit le jour de la Toussaint. Et les démons et les sorcières ne peuvent faire aucun mal à ceux qui cueillent la plante comme porte-bonheur.

décennies, le développement des antidépresseurs chimiques a poussé les scientifiques conscients de cette tradition herboriste à chercher des propriétés similaires dans le millepertuis.

Les premières études cherchaient surtout à déterminer si les constituants du millepertuis fonctionnaient de la même façon qu'un groupe d'antidépresseurs connus comme inhibiteurs de la mono-amino-oxydase. Des recherches plus récentes tentèrent plutôt de faire un lien avec la sérotonine, comme nous en discuterons au chapitre 5. Au même moment, on commençait à faire des essais cliniques pour déterminer l'efficacité du millepertuis dans le traitement de la dépression. Les résultats furent si encourageants que dès 1988, en Allemagne, le millepertuis fut officiellement approuvé comme médicament antidépresseur.

Au moment même où l'usage du Prozac croissait de façon explosive aux États-Unis, le millepertuis devenait le principal antidépresseur en Allemagne et, bientôt, il fut aussi largement utilisé dans d'autres pays d'Europe. En 1993, la dernière année au cours de laquelle on a consigné des données, les médecins allemands rédigèrent plus de 2,7 millions de prescriptions de millepertuis.

La culture médicale classique en Europe est plus ouverte aux traitements herboristes. En revanche, aux États-Unis, l'acceptation du millepertuis comme traitement scientifiquement valable pour lutter contre la dépression fut diluée par le préjugé contre la médecine herboriste qui caractérise la culture médicale nord-américaine. Michael Murray, ce médecin, naturopathe et auteur hautement respecté, fut l'une des grandes autorités à tenter de faire connaître aux États-Unis l'expérience européenne du millepertuis, mais ce n'est qu'en 1997 que ses efforts portèrent fruit. Le millepertuis est désormais sur le point d'être considéré comme un substitut des thérapies médicamenteuses.

Mais avant de discuter de la manière dont on peut utiliser cette herbe contre la dépression, je dois faire une brève description de la dépression elle-même.

CHAPITRE DEUX

Les symptômes de la dépression

- Légère ou moyenne, par opposition à dépression majeure
- Sentiment de découragement
- Torpeur
- Irritabilité
- Problèmes de sommeil
- Manque d'énergie ou fatigue
- Faible estime de soi
- Manque de concentration ou difficulté à prendre des décisions
- Sentiments de désespoir
- Problèmes d'alimentation
- Impression de vide
- Anxiété
- Culpabilité
- Obsession des symptômes physiques
- Difficulté à faire face au stress
- Formes cachées de la dépression
- Timidité excessive
- Hypersensibilité au rejet
- Difficulté à s'affirmer
- Inaptitude à courir des risques

Dépression légère ou moyenne, par opposition à dépression majeure

Pour la plupart des gens, le terme dépression évoque un sentiment envahissant de découragement et de tristesse. Toutefois, la profession médicale réserve en général ce terme à un état catastrophique de dépression profonde. Pour ce que le public désigne sous le nom de dépression légère ou moyenne, les médecins utilisent fréquemment le terme technique de *dysthymie*.

Ainsi, ce livre, s'il avait été précis sur le plan médical, aurait été intitulé *Combattre la dysthymie avec le millepertuis;* mais seuls les professionnels de la médecine auraient su ce que cela voulait dire. Tout au long du présent livre, le terme dépression sera utilisé pour désigner la dépression légère ou moyenne, à moins que le contraire ne soit spécifié.

Il est important de clarifier ces questions de sémantique dès le départ, car le millepertuis est un traitement qui n'est approprié que pour les dépressions légères ou moyennes. On ne doit pas l'utiliser dans des cas de dépression majeure. Afin de rendre bien claire la différence entre les deux états, j'aimerais commencer par décrire la dépression majeure.

Selon l'auteur William Styron, cité par Kathy Cronkite dans *On the Edge of Darkness* [Dell, 1995], « c'est du chagrin qui s'est accru et s'est transformé en une douleur atroce ». Avec le chagrin constant survient un jugement de soi-même qui paralyse, des ruminations de culpabilité obsessionnelle, de la torpeur, une perte d'intérêt pour les activités normales, une incapacité à faire face à la vie et des idées de suicide qui reviennent sans cesse.

La vie de la personne atteinte s'effondre et le suicide devient une éventualité imminente. La dépression profonde provoque également des symptômes physiques, incluant un ralentissement des mouvements, une augmentation remarquable du temps de réponse aux questions et de la confusion dans les propos. Occasionnellement, la personne peut connaître de brefs épisodes d'activités frénétiques, seulement pour replonger ensuite plus avant dans une lourdeur de plomb.

On pourrait dire que lors d'une dépression majeure, la structure affective du cerveau se fige en situation de détresse. Aucun événement extérieur ordinaire ne peut corriger la situation parce que l'ordinateur, pour parler en ces termes, est fermé à clef. En fait, un des premiers traitements efficaces de la dépression profonde fut la thérapie par électrochocs, une technique que l'on peut comparer au fait de réinitialiser un ordinateur.

Toutefois, l'apparition des électrochocs donna lieu à de véritables abus et on les appliqua de façon barbare, d'où leur très mauvaise réputation. Ce sont ensuite les médicaments antidépresseurs qui firent une percée. Presque tous les antidépresseurs pharmaceutiques arrivent à sortir un patient d'une dépression profonde et, pour cette raison, les drogues sont indispensables et peuvent même sauver des vies.

Comme nous l'avons déjà mentionné, le millepertuis n'est pas un traitement approprié pour les dépressions majeures. Cependant, la plupart du temps, quand les gens disent « je suis dépressif », ils réfèrent à quelque chose de beaucoup moins catastrophique. La vie peut être difficile, mais sans être impossible. Peut-être vous sentez-vous constamment fatigué, mais vous arrivez à sortir du lit ; et même si vous vous sentez malheureux, vous n'êtes pas nécessairement prêt à mettre fin à vos jours. C'est pour ce type de dépression beaucoup plus courante que le millepertuis est utile, et sans doute même plus approprié qu'un traitement pharmaceutique.

Les stupéfiants ont d'abord été mis au point pour soigner les dépressions majeures. Avec l'avènement du Prozac, on s'est mis à prescrire couramment des antidépresseurs, même pour des dépressions légères ou moyennes. Or, il y a tant d'effets secondaires à craindre avec ces substances qu'une telle attitude est exagérée.

Dans les cas de dépression profonde, il est raisonnable de tolérer quelques effets secondaires. Après tout, c'est souvent cela ou le suicide. Mais quand la dépression est seulement légère ou moyenne, il n'est pas très raisonnable de prendre une drogue qui peut causer de l'anxiété et de grosses insomnies ou qui empêche d'atteindre l'orgasme. Le millepertuis est souvent une bien meilleure solution.

Dans le reste du présent chapitre, nous explorerons les différents symptômes de la dépression légère ou moyenne. Nous discuterons aussi brièvement de l'efficacité des traitements à base de stupéfiants, ainsi que du millepertuis et des psychothérapies, tandis que dans les chapitres subséquents, nous verrons plus avant chacun de ces choix de traitements.

Sentiment de découragement

Pour bien des gens, dépression veut dire tristesse, vague à l'âme et sensation envahissante de mélancolie. Les sentiments de chagrin restent constamment présents sous la surface, prêts à surgir sous n'importe quel prétexte extérieur, et vous vous dites, en votre for intérieur : « Je te l'avais bien dit ! Tu as toutes les raisons du monde de faire pitié. » Si vous ressentez ce type de dépression, peut-être fondez-vous en larmes à la moindre provocation, et quand vous pensez à l'avenir, sans doute avez-vous l'impression qu'il ne vous réserve que des échecs. Comme me le disait une patiente : « Avant je regardais mes enfants et j'étais fière. Maintenant je songe à quel point je ne suis pas à la hauteur pour eux, et à quel point ils risquent de mal tourner, comme moi. »

Ces symptômes sont semblables à ceux de la dépression majeure, mais en plus doux. Des pensées de suicide peuvent vous effleurer l'esprit sans que vous ayez vraiment l'intention de passer à l'acte. Vous avez peut-être des accès de larmes, mais ils surviennent presque toujours pour une raison, à la différence des pleurs presque continuels et irraisonnés causés par la dépression profonde. En fin de compte, vous avez de bonnes et de mauvaises journées et, en général, la joie vient interrompre votre tristesse au moins une fois ou deux par jour. Une patiente que j'appellerai Anne constitue un bon exemple de quelqu'un qui ressent cette forme de dépression. Toutes les apparences donnaient à croire qu'elle était bien adaptée. Elle était entourée d'une famille heureuse et elle avait un bon emploi ; seuls ceux qui la connaissaient intimement pouvaient deviner que quelque chose n'allait pas.

Mais un jour, Anne avoua à son médecin ce qu'elle ressentait profondément. « Je me force toute la journée pour sourire », dit-elle. « C'est un geste que je me sens obligée de refaire du matin au soir. À l'intérieur, je me sens comme si je revenais tout juste d'un enterrement. Je ne sais pas pourquoi. »

Bien qu'Anne soit allée consulter des conseillers et des thérapeutes pendant des années et qu'elle ait beaucoup travaillé pour se dégager des quelques traumatismes d'enfance qu'elle avait vécus, elle continuait d'être triste. Au début, quand son médecin lui suggéra des antidépresseurs, Anne était réticente. « Je ne veux pas devenir dépendante d'une drogue », disait-elle. Mais quand elle se décida à prendre l'antidépresseur Zoloft, elle fut étonnée des résultats. « Rien n'a changé chez moi sauf que je ne me sens plus malheureuse. C'est comme si quelqu'un avait arraché ma peine avec un couteau. Je me suis mise à me sentir lumineuse et je n'ai plus été obligée de me forcer pour sourire. »

Apparemment, Anne fait partie de ces gens chez qui la dépression est d'abord et avant tout un problème d'ordre biochimique. La psychothérapie lui avait été utile, mais sans que cela ne touche à son sentiment de dépression chronique. La thérapie par les médicaments fut pour elle une révélation.

Anne devint bientôt une publicité vivante pour Zoloft. Elle disait à tous ses amis à quel point ce médicament l'avait aidée et, pendant une brève période, elle songea même à écrire un livre sur ce sujet. Mais il ne fallut pas attendre un mois pour qu'elle s'aperçoive qu'il y avait un prix à payer pour bénéficier de cette amélioration : les effets secondaires.

Elle se mit à avoir des diarrhées, des maux de tête et de légères insomnies. Mais elle arrivait à vivre avec cela. Ce qu'Anne ne pouvait tolérer, c'était de ne plus être capable d'avoir d'orgasme. Elle n'avait aucun problème à être excitée, mais elle se « voyait comme un train qui s'emballe sans avoir d'endroit où aller ». Avant le Zoloft, elle n'avait jamais eu de problèmes d'ordre sexuel. Elle décida que ce symptôme était insupportable.

De plus, elle détestait se sentir droguée. « Je me sens constamment comme s'il y avait un corps étranger dans mon organisme, quelque chose de chimique », explique-t-elle. Pour ces deux raisons, Anne arrêta de prendre du Zoloft après quelques mois. Malheureusement, elle recommença presque aussitôt à se sentir triste.

« C'était comme si j'étais vidée de l'intérieur. Ma mélancolie était revenue, exactement comme avant. »

Son psychiatre suggéra à Anne de prendre du Serzone, un médicament antidépresseur qui, en général, ne nuit pas à l'orgasme. Malheureusement, « avec le Serzone, je me sentais comme un zombi ». Comme troisième essai, on lui prescrivit du Prozac, mais cela lui causa de terribles insomnies. « Finalement, j'ai décidé que je préférais être déprimée plutôt que de supporter tous ces effets secondaires dégoûtants », dit-elle quand elle vint me voir.

Anne semblait être une candidate parfaite pour le millepertuis. Même si elle était dépressive, elle n'était pas paralysée par sa dépression. Le fait d'être triste l'importunait, mais ce n'était pas une douleur insupportable ; et elle ne se sentait jamais assez mal pour se mettre à penser au suicide. Ainsi, la dépression d'Anne coïncidait tout à fait avec la description d'une dépression légère ou moyenne.

Il fallut environ six semaines pour que le millepertuis finisse par faire pleinement effet. « C'est venu doucement et graduellement », dit Anne. « Je n'ai pas arrêté d'être triste d'un seul coup, comme avec le Zoloft, mais ça s'est évaporé graduellement. Je n'ai eu aucun effet secondaire non plus. » De plus, Anne aimait l'idée de prendre une herbe naturelle au lieu d'un produit chimique.

Bien sûr, de pareils témoignages n'ont aucune valeur scientifique. Un succès ne dit rien de l'efficacité générale d'un produit et, de fait, le millepertuis ne fonctionne pas toujours aussi bien que dans le cas d'Anne. (D'ailleurs, les médicaments non plus ne fonctionnent pas toujours aussi bien !) Nous parlerons aux chapitres 5 et 7 des recherches formelles qui ont permis d'étudier scientifiquement l'efficacité du millepertuis.

Torpeur

Le pessimisme et la tristesse ne sont pas les seuls sentiments associés à la dépression. Pour certaines personnes, ce sont l'ennui, l'engourdissement et l'apathie qui prédominent. Ces manifestations de la dépression font qu'il devient difficile de s'enthousiasmer pour quoi que ce soit, bon ou mauvais. Rien ne semble compter beaucoup. « Je m'en fiche de me faire inviter à sortir ou de rester à la maison», dit une patiente. «C'est du pareil au même pour moi.»

Dans la dépression légère ou moyenne, cet état de torpeur n'est pas absolu. Les désirs filtrent sous la surface, comme l'envie de sortir pour rencontrer des gens, mais les personnes atteintes ont l'impression que tout cela est trop compliqué. Voilà un symptôme plus léger que ce qui arrive avec la dépression profonde, où les désirs semblent morts et enterrés. Cependant, l'apathie relative qui survient dans une dépression légère ou moyenne est suffisante pour détruire l'initiative et paralyser l'activité. Comme s'exclamait un patient: «Ça m'ennuie tout simplement de faire ce que j'ai à faire. De temps en temps, il m'arrive de sortir pour le plaisir, mais seulement quand les choses arrivent toutes seules.»

Les antidépresseurs chimiques peuvent être relativement efficaces dans cette forme de dépression. Il arrive que les gens reprennent de l'intérêt et recommencent à prendre soin d'eux, mais certains patients déplorent qu'il y ait un aspect artificiel à leur nouvel engagement dans la vie. Comme le disait une patiente: «Il m'arrive de sortir pour aller danser, mais j'ai parfois l'impression que c'est la danse du Prozac au lieu d'être la mienne.» Le millepertuis est souvent préférable, car il peut améliorer la capacité à ressentir les choses, sans toutefois prendre le dessus.

Irritabilité

Le sentiment de tristesse et la torpeur permettent de reconnaître immédiatement certains genres de dépression. Il en existe toutefois un autre genre qui peut se manifester sans qu'on le reconnaisse, même chez les professionnels. Il s'agit d'une irritabilité exceptionnelle, un sentiment courant et dominant chez les enfants et les adolescents dépressifs.

Il arrive à tout le monde d'être irritable (surtout les adolescents!). Le manque de sommeil, un horaire trop chargé, un excès de responsabilités ou simplement une «mauvaise journée», tout cela peut causer de l'irritabilité chez les meilleurs d'entre nous. Mais l'irritabilité de la dépression cachée a une caractéristique que les psychologues appellent « surdéterminée ». Elle semble avoir sa vie propre, sans rapport avec des circonstances qui contribueraient à la provoquer selon toute vraisemblance raisonnable.

L'idée que l'irritabilité peut cacher une dépression n'est pas nouvelle, mais on s'est récemment rendu à l'évidence que tel était le cas en « observant les antidépresseurs », selon l'expression évocatrice de Peter Kramer qui décrit ce procédé de plus en plus influent en psychiatrie.

Les médecins ont remarqué que lorsque les gens hyperirritables prennent des antidépresseurs, ils deviennent souvent de plus en plus calmes. Or, les antidépresseurs ne sont pas des tranquillisants et ne produisent pas de façon universelle une sensation de calme. Manifestement, l'effet calmant est propre à une certaine sorte d'irritabilité, ce qui a conduit à penser que ce type d'irritabilité était en réalité une dépression déguisée.

On a critiqué ce raisonnement comme étant quelque peu circulaire. Néanmoins, en découvrant que l'irritabilité réagit souvent au traitement antidépresseur, on a soulagé bien des enfants ainsi que leurs familles. Sur le plan clinique, le millepertuis est souvent tout aussi efficace que ces remèdes. Et pour les enfants, il y a un grand avantage à utiliser l'herbe au lieu d'un médicament. Le fait de prendre un médicament semble transmettre le message : « Tu es malade. » Étant donné que les enfants réagissent facilement au symbolisme, après avoir pris des médicaments de pharmacie pendant un an ou plus, ils peuvent intérioriser ce message et se voir eux-mêmes comme fondamentalement dérangés.

Un traitement aux herbes peut être présenté honnêtement comme une sorte de nourriture. Ainsi que le disait un psychiatre à son patient de 10 ans : « Cette herbe nourrit ta sérénité. Ça la rend plus forte. » En pensant à vous-même comme ayant besoin de nourriture, vous avez un bien meilleur sentiment que si vous vous croyez malade et pensez que vous avez besoin d'être soigné en prenant un médicament. Cela vous donne une bien meilleure image de vous-même.

Avec des adolescents, le problème est légèrement différent. Si vous dites à un adolescent qu'une drogue va guérir sa dépression, cela suggère que les drogues sont de bonnes solutions pour modifier les humeurs. Le saut entre prendre un médicament d'ordonnance et prendre une drogue illégale peut ne pas sembler très grand. Si, au lieu de cela, vous donnez une herbe à l'adolescent, avec ce que ce traitement comporte de sain et de naturel comme connotation, il est alors possible de maintenir la séparation d'avec les drogues illégales et nuisibles pour la santé.

Problèmes de sommeil

La dépression peut provoquer aussi bien l'insomnie qu'un besoin excessif de sommeil. Quand le symptôme s'avère être l'insomnie, il s'agit d'un type particulier d'insomnie : le réveil précoce. Vous pouvez réussir à vous endormir assez bien, mais soudainement, quelque part entre trois et cinq heures du matin, vous vous retrouvez complètement éveillé. Cela vous place dans une situation difficile. Si vous vous réveillez et sortez tout simplement du lit, vous vous sentirez très mal tout le reste de la journée : épuisé, avec un mal de tête, incapable de vous concentrer. En revanche, si vous restez au lit, vous ne réussirez qu'à vous tourner et à vous retourner dans votre lit, et vous commencerez probablement à vous en faire à propos de tout et de rien.

Les antidépresseurs peuvent améliorer le sommeil de deux façons. Les plus anciens antidépresseurs, comme l'amitriptyline et le trazodone, provoquent tout de suite la somnolence et constituent d'assez bons somnifères. Malheureusement, ils peuvent aussi produire le sentiment d'être dopé 24 heures sur 24. La plupart d'entre eux peuvent également provoquer une perte de poids considérable.

Les nouveaux antidépresseurs ne sont pas des somnifères. En fait, plusieurs d'entre eux créent même un effet stimulant qui peut, au début, aggraver l'insomnie. Le sommeil ne commence à s'améliorer que lorsque tout l'effet antidépresseur s'est manifesté, ce qui peut prendre jusqu'à quatre ou six semaines. Apparemment, les perturbations chimiques du cerveau qui surviennent avec la dépression provoquent également le réveil précoce. Quand un meilleur équilibre est restauré grâce à un traitement médicamenteux réussi, le sommeil s'améliore en même temps.

Il n'y a toutefois là rien de garanti. Les effets secondaires stimulants des nouveaux antidépresseurs peuvent être tellement puissants que le résultat net est une aggravation de l'insomnie. Fréquemment, ces individus chez qui l'insomnie fait partie de la dépression s'aperçoivent qu'ils doivent prendre deux antidépresseurs : un pour se réveiller et un autre pour s'endormir.

Bien des patients sont rebutés par cette approche qui consiste à prendre deux médicaments. Comme me le disait un patient : « C'est comme les montagnes russes, comme passer sans cesse des tranquillisants aux amphétamines. Je commençais à me prendre pour Bob Fosse dans *All That Jazz*. » Le millepertuis est une solution extraordinaire pour les patients qui souffrent d'insomnie liée à la dépression, car il les soulage de la dépression sans provoquer ni de réveil précoce ni de somnolence durant le jour.

Quand le symptôme de la dépression est une envie de dormir trop prononcée, différents facteurs s'appliquent. Un de mes patients, Pierre, lorsqu'il était en dépression, allait se coucher dès sept heures le soir et il acceptait mal le son du réveille-matin le lendemain à huit heures. Il constata que le Prozac le soulageait à court terme de son sommeil excessif, mais l'effet était exagéré. Il ne pouvait dormir que quatre heures par nuit. Pierre finit par se dire qu'il préférait les effets plus doucement énergisants du millepertuis.

Manque d'énergie ou fatigue

Plusieurs patients vont chez le médecin pour la seule raison qu'ils sont fatigués. Malheureusement, il faudrait au moins une page pour énumérer une partie seulement des maladies répertoriées qui peuvent provoquer de la fatigue. Tenter un diagnostic peut exiger un grand nombre de tests et, à la fin, il est quand même possible de se retrouver sans diagnostic.

Dans plusieurs cas, la sensation de fatigue est reliée à des problèmes d'ajustements de l'organisme trop subtils pour qu'on les identifie par le biais de la médecine. Il arrive toutefois que la cause sous-jacente de la fatigue soit la dépression. Il ne fait aucun doute que l'inverse est également vrai : la dépression peut provoquer une sensation déplaisante de baisse d'énergie.

Bien des patients qui semblent particulièrement à l'écoute de leur corps m'ont dit que la fatigue de la dépression avait un caractère unique. « On dirait qu'elle a sa source dans mon âme », me dit l'une d'entre eux. « Je suis lasse comme si je venais de me battre. » Un autre patient expliquait cela ainsi : « Les enfants ont un lien avec le divin qui leur donne du ressort et, même si cela s'estompe graduellement, un adulte en santé ne devrait pas l'avoir complètement perdu. Mais pour ma part, je n'ai aucun ressort. Je dois faire appel à ma volonté alors que l'amour devrait suffire. »

Il existe souvent un élan d'énergie le matin ou le soir, mais les patients qui souffrent de fatigue à cause de la dépression traînent la patte presque toute la journée. Même le fait de jouer peut devenir aussi harassant que de travailler. Encore une fois, ce symptôme est plus doux avec la dysthymie qu'avec la dépression profonde, où la perte d'énergie est si prononcée qu'elle peut prendre la forme d'une maladie physique grave. La fatigue de la dépression légère ou moyenne est désagréable et débilitante, mais elle n'accable la personne qu'occasionnellement.

Quand la fatigue est le symptôme d'une dépression, elle s'en va en général avec un médicament comme le Prozac. Mais le millepertuis est aussi une excellente solution. Une des choses que j'entends le plus souvent dire par mes patients qui prennent de cette herbe, c'est qu'ils se sentent un surplus d'énergie. De plus, cet effet énergisant survient lentement et graduellement, sans provoquer la nervosité ainsi que les hauts et les bas si courants dans les thérapies aux antidépresseurs.

Faible estime de soi

Les patients déprimés ont en général une piètre opinion d'eux-mêmes. Une voix critique chuchote continuellement dans leur esprit, leur donnant un commentaire non sollicité sur tout ce qu'ils font. « Ça c'est bien toi, tu gâches tout, comme d'habitude. Pourquoi te mêles-tu d'essayer de faire ça ? Tu vas manquer ton coup. Ne parle pas à *ces gens-là*; pourquoi les intéressais-tu? Tu n'as aucune valeur. » Une telle dépréciation constante peut être très destructrice.

Une des pires caractéristiques de la faible estime de soi est qu'elle se renforce d'elle-même. Par exemple, si je crois qu'il m'est impossible d'avoir un bon emploi, je ne tenterai même pas de me proposer dans le but d'en avoir un, ou si je me décide à postuler, je transmettrai à tout employeur sensé — par mes paroles et mon attitude physique — le message qu'il ne devrait jamais m'embaucher. À moins qu'un employeur ne me prenne par charité, je me retrouverai probablement avec des emplois pour lesquels je suis surqualifié ou que personne d'autre ne veut prendre. Le critique intérieur va ensuite prendre mes malheurs pour preuve. « Tu vois? Tu n'es bon à rien », dira-t-il. « Regarde le genre de travail que tu as à faire. Tu vois bien que tu n'as pas de valeur. »

Cela est totalement injuste, car c'est le critique intérieur lui-même qui a provoqué le problème, d'abord et avant tout. Mais les critiques intérieurs sont rarement justes. Même s'ils font souvent comme s'ils avaient notre intérêt à cœur (« je ne te dis cela que pour ton bien »), tout est du chiqué. Quelquefois, le critique intérieur semble n'avoir d'autre intention que de provoquer le malheur.

Le fait d'avoir peu d'estime de soi interfère dans les relations avec les autres, exactement comme pour les emplois. Ainsi que me le racontait une patiente : « Je n'essaie même pas de sortir avec des hommes que j'aime vraiment, parce qu'ils me semblent hors d'atteinte. Si je vous disais comment je me sens, vous auriez l'impression que je vis dans les années 1800 et que je suis une paysanne en amour avec un aristocrate. Les hommes bien me semblent "au-dessus de moi" ou "dans une autre catégorie que la mienne". Ce n'est pas logique, mais c'est ainsi. Alors je recherche des gars que je n'aime vraiment pas. On dirait que je pense que je ne suis pas assez bien tant que le gars n'est pas un minable. »

Dans plusieurs cas, le manque d'estime de soi est lié à des problèmes d'enfance. Le critique intérieur est souvent une copie carbone des parents ou des frères et sœurs qui utilisaient le blâme constant comme outil de domination. Un bon psychothérapeute peut nous aider à comprendre l'origine du critique intérieur, nous séparer de lui et ouvrir un chemin différent parsemé de commentaires mentaux positifs. Mais cette approche n'est pas toujours totalement couronnée de succès. Quelquefois, il semble que l'équilibre chimique du cerveau soit si perturbé que nul commentaire positif d'encouragement personnel ne saurait améliorer la situation.

Dans de telles conditions, la thérapie des antidépresseurs peut rendre de très grands services. Les médicaments semblent repousser dans l'ombre le critique intérieur, là où il est plus facile à contrôler. Comme me le disait un patient : « La voix de la critique est encore là, mais pas directement en face de moi. Elle est quelque part de l'autre côté de la pièce maintenant. Je ne suis plus forcé de l'écouter. » En améliorant l'humeur, le millepertuis peut parfois provoquer le même effet.

Manque de concentration ou difficulté à prendre des décisions

La dépression peut rendre très pénibles de simples tâches ou la moindre prise de décision. C'est comme s'il y avait constamment une tension sous-jacente. Le frein de la dépression interfère avec votre processus de réflexion. Vous mélangez des instructions simples, vous allez le jeudi à un rendez-vous prévu pour le vendredi, et vous vous rendez au magasin sans arriver à vous rappeler pourquoi. Vous ne pouvez décider si vous achetez le chandail en laine ou celui en coton, parce que votre critique intérieur est dans le chemin et vous informe poliment que peu importe votre décision, elle sera mauvaise.

Ce symptôme s'apaise quand on traite la dépression en faisant appel aux méthodes éprouvées. Quand la dépression ne vous tenaille plus dans les profondeurs, votre esprit se libère de ses préoccupations troublantes et peut redevenir efficace. Voici ce que me disait une patiente : « Quand j'ai cessé d'être déprimée, c'est comme si mon quotient intellectuel avait bondi de 20 points. »

Malheureusement, les médicaments antidépresseurs peuvent provoquer, comme effets secondaires directs, de la confusion mentale, des pertes de mémoire et un mauvais sens de l'orientation. On entend souvent des descriptions comme celle-ci : «Je me sens tête de linotte», «Je n'arrive à me souvenir de rien» ou «La moitié du temps, je ne sais même pas où je suis». Dans de tels cas, le millepertuis peut représenter un meilleur choix. Comme il ne semble pas avoir d'effets mentaux défavorables, ses avantages pour lutter contre la dépression ne sont pas neutralisés par une confusion reliée à la drogue.

Sentiments de désespoir

L'espoir est l'un des besoins humains les plus universels, mais dans la dépression, ce besoin est sérieusement menacé. Dans des circonstances normales, chaque matin apporte un peu d'optimisme. Peu importe à quel point l'avenir paraissait sombre la veille, quand le soleil se lève, il semble y avoir plus de solutions que vous ne l'auriez cru auparavant. Mais la dépression peut diminuer grandement ce pouvoir régénérateur naturel. Le matin survient souvent sans que vous ayez plus d'enthousiasme que la veille, et vous risquez même de devoir vous en sortir en continuant à faire appel à votre persévérance.

Alors que les patients souffrant d'une dépression profonde perdent souvent tout espoir et se tournent vers le suicide, dans les cas de dépression légère ou moyenne dont nous discutons ici, les patients gardent suffisamment d'espoir pour s'en sortir. Ils n'ont cependant pas autant d'espoir qu'ils le devraient. Un des premiers signes de soulagement de la dépression consiste à retrouver l'amour de tout ce que la vie offre. Un traitement réussi a pour résultat de redonner du courage, qu'il s'agisse de psychothérapie, de médicaments antidépresseurs ou de millepertuis.

Problèmes d'alimentation

Comme pour les habitudes de sommeil, les effets de la dépression sur les habitudes alimentaires peuvent aller dans deux directions.

Certaines personnes mangent trop afin d'oublier leurs malheurs, d'autres perdent tout intérêt pour la bouffe.

Parmi les possibilités les plus courantes, on trouve l'habitude de manger pour combler le vide, ce qui peut également survenir en dehors de la dépression. Quand il s'agit d'une dépression, la guérison tend à régulariser les habitudes alimentaires. Toutefois, la plupart des antidépresseurs d'usage courant qui datent d'avant l'invention du Prozac provoquent souvent une augmentation du poids et de l'appétit. L'amitriptyline est l'un des pires à ce propos; il n'est pas rare que les gens prennent plus de 30 kilos durant un traitement avec ce remède quelque peu désuet.

À cet égard, les médicaments de la famille du Prozac sont beaucoup mieux. Non seulement ils ne provoquent pas d'augmentation du poids comme effet secondaire, mais dans bien des cas, ils entraînent même directement une perte de poids. Cet effet est discuté dans *Safer Than Phen-fen* (Prima, 1997), de Michael Anchors. Il ne semble aucunement que l'usage du millepertuis provoque de pareils avantages relativement à la perte de poids, à part ceux qui seraient liés à une guérison de la dépression.

Mais quand le problème d'alimentation causé par la dépression est la perte d'intérêt pour la nourriture, les médicaments de type Prozac peuvent être un obstacle, alors que le millepertuis, avec son absence d'effets secondaires, peut aider à restaurer l'appétit plus efficacement.

Impression de vide

La dépression crée souvent une sorte de sentiment de vide intérieur ou de perte de sens. Tout le monde ressent ce vide à un moment ou à un autre, mais la dépression amplifie cette expérience normale chez les êtres humains. Comme le disait un patient : «J'ai l'impression que si quelqu'un pouvait voir en moi, il s'apercevrait qu'il n'y a rien.»

Bien sûr, cette sensation est illusoire. Tous les humains sont des êtres complexes, des créatures étonnantes, un univers de pensées en marche, un monde de sentiments et de talents. Mais la dépression peut faire en sorte qu'il devient très difficile de ressentir votre propre richesse. Si vous êtes dépressif, même quand les autres vous trouvent du charme et s'intéressent à vous, vous pouvez vous demander ce qu'ils voient en vous, si bien sûr vous acceptez de reconnaître qu'ils vous apprécient.

Un des premiers signes de guérison de la dépression est un sentiment de plénitude intérieure. N'importe lequel des nombreux traitements contre la dépression peut contribuer à donner ce résultat.

Anxiété

L'anxiété peut être une maladie en soi, mais elle accompagne fréquemment la dépression. Bien sûr, la vie en général provoque de l'anxiété. Quand l'anxiété devient excessive, ou quand elle n'a plus de lien avec les problèmes réels et qu'elle flotte dans votre univers psychologique comme un nuage toujours présent, c'est là qu'elle devient un véritable problème. Un patient décrivait ainsi son sentiment : « Je suis toujours convaincu que le malheur m'attend au coin de la rue. » La dépression amplifie l'anxiété en diminuant les défenses naturelles dressées contre elle.

Dans certains cas, l'anxiété donne lieu à des attaques de panique. Celles-ci peuvent produire de grosses palpitations cardiaques, une oppression de la poitrine et le sentiment d'une mort imminente, à tel point que ces symptômes peuvent être confondus avec ceux d'une crise cardiaque.

Les antidépresseurs se sont avérés utiles comme traitement pour lutter contre l'anxiété. Toutefois, c'est à long terme que leur effet antidépresseur soulage les symptômes. À court terme, la plupart des nouveaux antidépresseurs ont la faculté paradoxale d'augmenter l'anxiété. Les patients qui sont déjà anxieux apprécient rarement de se faire dire qu'une médication peut les faire se sentir encore plus mal pendant le premier mois ou un peu plus. Le millepertuis, n'ayant à peu près aucun effet secondaire, peut être une solution de rechange très utile.

Culpabilité

Le comédien et réalisateur Woody Allen a fait de la culpabilité un art, mais les symptômes qu'il présente sous forme de caricature sont immédiatement reconnaissables pour quiconque souffre de dépression. Cette impression tenace que vous avez d'avoir fait du mal, l'obsession des erreurs passées et le souci exagérément scrupuleux de ne pas blesser les autres : tout cela va avec la dépression presque aussi inévitablement que le sentiment de mélancolie.

Comme tant de symptômes de dépression, la culpabilité en soi n'est pas une maladie. Si nous ne ressentions jamais de culpabilité (ou l'émotion qui y est apparentée, la honte), nous nous conduirions tous à la façon égocentrique des enfants de deux ans. Mais dans la dépression, la culpabilité est surdéterminée. Quand elle s'attache à des événements précis, la culpabilité ressemble presque à une excuse. Mais au contraire, pendant une dépression la culpabilité flotte librement, dans l'attente du moindre événement auquel elle pourrait s'attacher. Habituellement, mais pas toujours, les sentiments de culpabilité reviennent à des niveaux plus normaux quand la dépression est résolue. Le millepertuis peut ici être aussi utile que les antidépresseurs chimiques.

Obsession des symptômes physiques

Bien des gens déprimés trouvent qu'ils passent au total trop de temps à se préoccuper de leurs symptômes physiques. Une brève période de constipation, un mal de tête ou une rigidité du cou peuvent prendre une signification disproportionnée par rapport à l'inconfort réel. Il existe plusieurs facteurs pour expliquer ce phénomène que l'on observe couramment. Étant donné que la dépression limite notre intérêt pour la vie extérieure, les phénomènes intérieurs commencent à prendre plus d'importance. Quand nous sommes dépressifs, nous avons aussi moins de ressources intérieures pour faire face à l'inconfort et ainsi nous succombons plus facilement. De plus, l'anxiété associée à la dépression peut donner naissance à de terribles visions de cancer et de mort imminente, ce qui amène notre esprit à s'attarder à des symptômes que notre imagination amplifie.

De plus, il semble y avoir une relation directe entre la dépression et la douleur, comme si les produits chimiques de notre cerveau concernés par l'une et par l'autre étaient identiques. Plusieurs patients souffrant de douleurs chroniques ressentent une nette amélioration après avoir commencé une thérapie aux antidépresseurs. Malheureusement, les médecins tournent cette observation au désavantage du patient et en font une arme. Par exemple, si un patient souffrant d'une lésion traumatique ne récupère pas aussi rapidement que ce que les médecins prévoyaient, ceux-ci peuvent aussi bien utiliser ce qu'ils savent sur la dépression pour jeter le blâme. Trop de patients se font dire : «Vous n'avez pas de douleurs; vous êtes simplement déprimé. »

C'est là, malheureusement, une distorsion de la situation réelle. Le simple fait que la dépression amplifie les malaises ne veut pas dire que «tout est dans votre tête», et je souhaite sincèrement que les médecins cessent d'utiliser cette expression. Cela est avilissant, blessant et finalement inutile.

Un traitement aux antidépresseurs peut cependant être assez salutaire pour affronter la douleur. Que l'effet soit dû à une modification dans la chimie du cerveau ou simplement au fait qu'avec une meilleure humeur il est plus facile d'affronter la douleur, de tels traitements peuvent souvent aider. Le millepertuis est donc une véritable solution à cet égard.

Difficulté à faire face au stress

Peu d'entre nous arrivent à affronter vraiment bien le stress, mais la dépression transforme ce qui est «difficile» en quelque chose de «quasi impossible». Les tensions ordinaires de la vie quotidienne peuvent facilement submerger quelqu'un qui est aussi aux prises avec une dépression.

En y pensant, cela ne devrait pas surprendre. Quand vous souffrez d'une dépression, une partie de votre cerveau est constamment occupée à traiter vos sentiments de culpabilité, à examiner minutieusement les occasions de rejet et à s'attendre au pire. Avez-vous déjà travaillé sur un ordinateur qui tente d'exécuter deux tâches à la fois, comme d'imprimer un document tout en faisant fonctionner un autre logiciel ? Le logiciel principal se met souvent à rouler à pas de tortue parce que l'ordinateur doit utiliser une partie de sa mémoire vive (de son « cerveau ») pour s'occuper de l'impression. Vous manquez des ressources nécessaires pour bien affronter les tensions de la vie parce que la majeure partie de votre cerveau est occupée ailleurs.

Dans une telle situation, un traitement réussi de la dépression par n'importe quel moyen peut faciliter le fait de gérer le stress. Comme le disait une patiente : « Après avoir commencé à prendre du millepertuis, je me suis aperçue que je pouvais affronter avec beaucoup plus de patience le harcèlement de mon patron et les jérémiades des enfants. »

Formes cachées de la dépression

À côté des symptômes directs de la dépression présentés ici, il y a plusieurs traits de caractère que les psychologues ont commencé à voir comme des dépressions déguisées. Cette impression a été développée à la suite de l'approche « en observant le Prozac » que j'ai mentionnée dans ma description de l'irritabilité. En s'apercevant que certains traits de personnalité s'estompaient après avoir commencé à prendre du Prozac, certains médecins en sont arrivés à la conclusion que ces traits pouvaient être en réalité des formes de dépression.

Il est également possible, toutefois, qu'une dépression sous-jacente exacerbe simplement un trait de personnalité qui existe pour d'autres raisons. Quand la dépression diminue, d'autres parties de la personnalité peuvent ressortir.

L'argument contre ce point de vue simple consiste à dire que le Prozac, environ une fois sur 20, semble procurer un avantage allant au-delà de ce que l'on pourrait attendre du simple fait de ne plus être dépressif. On prétend que certaines caractéristiques de la personnalité sont semblables à la dépression dans un quelconque sens biochimique.

Tout le monde n'est pas d'accord. Il est possible que ce que nous voyons dans ces anecdotes ne soit pas réellement une guérison de la dépression, mais une altération découlant de la chimie du cerveau qui survient pour produire une sensation agréable. Après tout, la cocaïne et l'alcool aussi peuvent réduire la timidité. En d'autres termes, les changements de personnalité peuvent être un heureux effet secondaire du Prozac.

Mais le Prozac peut également provoquer des effets secondaires malheureux. Certaines personnes ressentent des changements de personnalité négatifs avec le Prozac, comme une agressivité accrue, de l'irritabilité et un sentiment de colère explosif. En outre, les effets positifs dans les changements de personnalité survenant avec le Prozac peuvent exiger des doses sans cesse croissantes, ce qui entraîne par la suite des similitudes avec la cocaïne et l'alcool.

Ce sujet requiert une discussion qui a cours en ce moment. Mais il existe un fait qui ne fait pas de doute : la dépression peut certainement contribuer à créer des problèmes de personnalité de toutes sortes, principalement ceux qui sont mentionnés ci-après.

Timidité excessive

Une personne déprimée doit combattre des voix intérieures qui lui font des commentaires aussi déplaisants que « Tu n'es pas attirante », « Tu dis des bêtises » ou « Personne ne voudrait t'écouter ». Qui ne serait pas timide en pareilles circonstances ? Une des réactions à de telles voix intérieures consiste à éviter les situations qui les déclenchent.

Je me rappelle une jeune femme dans la vingtaine qui était si timide qu'elle ne pouvait oser prendre un emploi qui aurait exigé de rencontrer des gens. Lise voulait devenir vétérinaire parce qu'elle aimait les animaux, mais elle savait qu'elle ne pouvait affronter les entrevues nécessaires pour s'inscrire à l'école. Elle prit plutôt un emploi mal payé, comme assistante-comptable, parce que cela lui permettait de se cacher.

Des années de psychothérapie avaient aidé Lise à comprendre pourquoi elle se sentait ainsi, mais ce n'est que lorsqu'elle prit du Prozac qu'elle réussit à surmonter ses craintes. Elle doit encore y travailler, mais le traitement médicamenteux constitua pour elle un grand pas en avant.

Malheureusement, tout en lui remontant le moral, le Prozac lui donna aussi de la diarrhée, des palpitations cardiaques et des maux de tête. D'autres antidépresseurs lui donnaient également des effets secondaires tout aussi intolérables. Quand elle finit par essayer le millepertuis, Lise trouva un antidépresseur avec lequel elle pouvait vivre. À l'aide du millepertuis et avec ce qu'elle avait appris dans sa psychothérapie, elle se trouva à la hauteur de la situation pour arriver à dominer ses craintes.

Hypersensibilité au rejet

Une extrême sensibilité au rejet et d'autres expériences déplaisantes sur le plan affectif représentent également une forme cachée de la dépression chez beaucoup de gens. Bien sûr, aucun d'entre nous n'aime être rejeté, mais pour avoir une vie sociale, nous acceptons de courir ce risque. Ce n'est qu'en restant seul chez soi à temps plein qu'il est possible d'éliminer totalement la possibilité que quelqu'un exprime du désagrément à notre égard.

Pour certaines personnes, toutefois, le fait de rester à la maison tout le temps semble une perspective assez intéressante. Vous pouvez être tellement sensible au rejet que vous préférez affronter la solitude et l'isolement social plutôt que de courir le risque de vivre ce qui peut devenir un événement épouvantablement douloureux.

Je me rappelle un patient de 45 ans qui était resté seul toute sa vie parce qu'au premier signe de contrariété de la part d'un éventuel conjoint il voulait s'enfuir. Comme il le décrivait : «Je n'ai tout simplement pas assez de Moi à l'intérieur pour supporter le rejet. Si j'ai le moindrement l'impression qu'une femme s'apprête à me montrer qu'elle ne m'aime pas, je me mets à penser que je n'existe pas. Quand je suis effectivement rejeté, cela me blesse plus que si je me fracturais un os. Je me sens comme si j'allais mourir. »

Le rejet n'est pas la seule forme d'expérience affective désagréable qui peut pousser les personnes déprimées à « s'écraser ». Une simple critique de la part d'un commis de banque, un mauvais résultat à l'école ou même un gros coup de klaxon dans le trafic, cela peut suffire à provoquer une réaction douloureuse et prolongée chez ceux qui sont excessivement chatouilleux. Très vraisemblablement, la dépression joue un rôle pour de nombreuses personnes qui souffrent de ces réactions affectives extrêmes, et n'importe quel traitement éprouvé contre la dépression leur donnera à tout le moins un peu de soulagement.

Difficulté à s'affirmer

La dépression peut également nuire à la capacité de s'affirmer. Ainsi que me le disait une patiente : « Comment puis-je me tenir debout quand je pense que je ne suis rien ? » Elle agissait comme une chiffe molle la plupart du temps et ensuite elle explosait avec amertume.

Les psychologues parlent de trouver le juste milieu entre l'agressivité et la passivité. À mesure que l'état dépressif s'améliore, ce juste milieu d'une saine affirmation peut devenir beaucoup plus facile à atteindre. La psychothérapie est probablement le traitement le plus utile dans ce cas, mais occasionnellement le Prozac semble augmenter de façon spectaculaire la capacité de s'affirmer aussi. Je n'ai entendu aucun commentaire rapportant des résultats aussi spectaculaires avec le millepertuis.

Inaptitude à courir des risques

La vie exige de courir de nombreux risques. Tant que nous n'acceptons pas de courir le risque de manquer notre coup, nous ne pouvons pas réussir : c'est là un cliché, mais c'est tout de même une réalité. Or, certaines personnes n'osent courir aucun risque, car elles trouvent cela trop difficile. Elles se sentent contraintes de faire le choix le plus prudent chaque fois qu'elles ont à prendre une décision dans leur vie. Bien sûr, la prudence n'est pas une maladie. Le continuum qui va de l'excès de prudence à l'excès de risques comprend un large spectre où se trouve la normalité.

Mais certaines personnes sont tellement prudentes que cela tient plus du problème que du trait de caractère. Ou encore il arrive qu'elles aient le désir intense de courir plus de risques, tout en sentant une contrainte intérieure qui les en empêche. Cette prudence excessive peut très bien représenter une forme de dépression.

Il n'est pas difficile de comprendre qu'une sensation générale de mélancolie et de pessimisme rend encore plus difficile le fait de courir des risques. Ainsi, un excès de prudence peut s'estomper grâce un traitement d'antidépresseur, qu'il s'agisse de médicaments ou de millepertuis. La psychothérapie est habituellement essentielle également.

Il existe bien d'autres manifestations et variantes possibles des symptômes de la dépression. Mais cette brève introduction nous permet de nous pencher sur les théories qui tentent d'expliquer d'où vient la dépression.

CHAPITRE TROIS

D'où vient la dépression ?

- · Quincaillerie ou programmation, corps ou esprit
- · Les anciennes théories sur la dépression
- · Les quatre humeurs
- · Les points de vue de la psychothérapie
- · L'essor de la théorie des acides aminés
- · Les failles de la théorie des acides aminés
- · Portrait général

Il n'existe pas de cause unique pour expliquer la dépression. En réalité, aucun problème complexe ne s'explique par une cause unique et n'a de solution unique, qu'il s'agisse du haut taux de divorce aux États-Unis ou des conflits au Moyen-Orient. Au cours de l'histoire, les tentatives qui ont été faites pour comprendre la dépression ont conduit à une variété de théories et de suggestions de traitements. On peut toutefois comprendre toutes ces approches comme de constants allers-retours entre deux affirmations de base : la dépression est vue soit comme un problème physiologique soit comme un problème psychologique, un problème de « quincaillerie » ou de « programmation ».

Les ordinateurs, pour fonctionner efficacement, nécessitent autant de quincaillerie que de programmation. Les théories basées sur la programmation analysent les pensées et les senti-

43

ments produits par les actions, les intentions et les expériences, alors que les théories basées sur la quincaillerie se concentrent sur les structures physiologiques du cerveau et du corps. En réalité, les deux approches sont toujours valides et importantes.

Les anciennes théories sur la dépression

Les plus anciennes explications liant la dépression à une «programmation» invoquaient sans doute l'influence des dieux ou des esprits. Dans sa merveilleuse biographie d'Alexandre le Grand, *Fire from Heaven,* l'auteur Mary Renault montre comment les anciens Grecs attribuaient leurs humeurs à l'intervention active de leurs dieux. Quand Alexandre se sentait rempli de confiance et d'énergie, il présumait que c'était Hercule qui remplissait son âme d'énergie divine ; mais quand il se sentait abattu, il se disait que ses actions avaient dû offenser l'un ou l'autre des dieux qui, selon lui, régissaient sa vie.

Comme toutes les théories, cette explication de la dépression a donné lieu à certains principes de «traitements». Un Grec ancien, affligé d'abattement prolongé, pouvait sans aucun doute se sentir appelé à faire un sacrifice aux dieux, à consulter l'Oracle de Delphes ou à faire un changement dans ses projets ou son comportement. Ainsi, la pratique religieuse peut être considérée comme l'un des plus anciens traitements contre la dépression et il ne fait aucun doute que cela réussit souvent, même aujourd'hui. Les fidèles des temps modernes ressentent parfois une profonde élévation spirituelle après avoir prié ou après avoir assisté à d'autres rituels religieux. Mais l'attitude des Grecs par rapport à la dépression ne se résumait pas à cela.

Les quatre humeurs

Les anciens Grecs avaient également sur la dépression une autre perspective qui faisait appel à la «quincaillerie». Cette perspective, la théorie des humeurs, est née de l'approche scientifique dominante de l'époque. Même si cela semble grotesque de nos jours, la théorie des humeurs fut en médecine le fondement de l'approche d'Hippocrate pour guérir, et cela continua à influencer la pratique de la médecine jusqu'au XIXe siècle.

Selon cette théorie, il y avait quatre «humeurs» circulant constamment dans le corps. Hippocrate les appelait la bile jaune, le sang, le flegme et la bile noire. Un état d'équilibre entre ces substances subtiles était censé procurer la santé, alors qu'un déséquilibre provoquait la maladie. Dans un état de parfait équilibre entre les humeurs, il résultait une sérénité et une santé parfaites.

· On croyait que l'excès d'une de ces humeurs provoquait non seulement la maladie physique, mais également certaines tendances caractéristiques des émotions ou du caractère. On décrivait les caractères respectivement comme coléreux (irritable), sanguin (émotif), flegmatique (lent à réagir) et mélancolique (triste). Chacun de ces noms a son origine dans l'humeur qui y est associée. Par exemple, la mélancolie veut dire littéralement «bile noire», car les mots grecs pour «noir» et «bile» sont *melan* et *cholia*.

Ainsi, dans le système de classement des maladies selon les humeurs, la dépression est le résultat d'un excès de bile noire. Selon ce système, le traitement approprié pour la dépression ne viserait pas tant à soigner les symptômes de la dépression qu'à ramener le niveau de bile noire à la normale, peut-être en augmentant aussi le niveau des autres humeurs.

Au XIXe siècle, en Europe et en Amérique du Nord, l'approche de la santé par les humeurs était encore une influence dominante pour la médecine classique. Les médecins de cette époque utilisaient les saignées pour «enlever la fièvre du sang». Et lorsqu'un médecin du XIXe siècle recommandait un traitement normal contre la dépression, comme de consacrer plus de temps à prendre l'air, de prendre des vacances, ou d'aller vivre sous un climat différent, il formulait ces conseils en fonction des effets positifs qu'ils pouvaient avoir sur les humeurs.

Cependant, d'autres théories sur la dépression, correspondant plus à la catégorie de la «programmation», fleurissaient également, et l'une d'entre elles finit par dominer: l'approche psychologique.

Les points de vue de la psychothérapie

Dans l'Europe du Moyen Âge, la dépression était souvent attribuée à l'influence des forces démoniaques. On croyait que ces pouvoirs surnaturels pouvaient s'emparer d'un être humain et provoquer des sentiments inexplicables et pousser à des actions funestes. L'un des remèdes pour contrer ce problème consistait à prier et à jeûner, un autre était de pratiquer l'exorcisme et, du moins dans l'esprit populaire, on croyait aussi que le millepertuis avait le pouvoir d'enrayer d'aussi sombres influences. Comme je l'ai décrit au chapitre premier, cette attitude montre sans doute que l'on connaissait les effets antidépresseurs de l'herbe.

Bien que l'on ait oublié depuis longtemps la théorie selon laquelle la dépression serait l'œuvre du diable, son influence subsiste, du moins à un point de vue : le préjugé envers ceux qui sont assez malchanceux pour souffrir de dépression profonde. On peut aussi voir un autre reliquat de l'ancienne association entre le diable et les maladies des émotions dans la nature punitive des traitements médicaux contre la dépression — ainsi en était-il de l'utilisation abusive des électrochocs — qui persista jusqu'à il y a à peine 30 ans.

Il existe une autre approche de la dépression basée sur la programmation, elle nous vient de la théologie classique chrétienne. C'est l'idée que le péché peut ronger l'âme d'une personne s'il est retenu et gardé secret. La cure traditionnelle pour cette maladie intérieure était la confession, une pratique religieuse qui peut être merveilleuse et dont le pouvoir de guérison est indiscutable. Il n'y a en effet qu'un pas entre le confessionnal et la relation du thérapeute avec son patient. On peut voir la psychothérapie comme une sorte de confession, au cours de laquelle la lumière se fait sur des conflits affectifs que même le patient ignore souvent. Mais là où le christianisme s'attardait avant tout sur le péché, la psychothérapie accorde le gros de son attention aux traumatismes de l'enfance.

Les perspectives de la psychologie nous ont montré les effets terribles et tenaces des violences sexuelles, physiques et affectives vécues au cours de l'enfance. Pour traiter ces problèmes, il y a la psychothérapie individuelle, les thérapies de groupe et des pratiques d'efforts personnels, comme celle qui consiste à «nourrir l'enfant intérieur».

Les traumatismes de l'enfance ne sont toutefois pas les seules causes psychologiques de la dépression. La psychologie sociale a démontré que la pauvreté, le manque d'appui de la part de l'entourage et les sources extérieures de tension, comme le divorce, peuvent aussi provoquer la dépression. La psychologie cognitive a examiné la relation entre le dialogue intérieur négatif de la dépression («Je ne suis bon à rien») et a inventé des traitements qui mettent l'emphase sur un dialogue intérieur délibérément positif. Par exemple, on encouragera la personne à dire «je suis quelqu'un de bien, et je mérite amour et succès».

Ce point de vue, ainsi que d'autres également axés sur la psychologie, ont eu une énorme influence jusqu'à tout récemment et ont constitué le paradigme dominant pour analyser la dépression. Mais au cours des dernières années, le pendule a encore une fois changé de côté. L'aspect physiologique de la dépression est une fois de plus revenu au centre de l'attention.

L'essor de la théorie des acides aminés

La nouvelle approche de la dépression faisant appel à la «quincaillerie» est officiellement appelée la théorie des acides aminés. Depuis qu'elle a été proposée il y a quelques dizaines d'années, elle a révolutionné les perspectives sur la dépression.

Selon la théorie des acides aminés, la dépression serait causée par de faibles niveaux de certaines substances chimiques dans le cerveau, substances appelées acides aminés en raison de leur similitude chimique avec l'ammoniaque. Parmi les acides aminés les plus connus, on trouve la sérotonine, la norépinéphrine et la dopamine. Selon la théorie des acides aminés, la dépression serait le résultat de faibles taux de ces acides.

C'est le Prozac qui a porté cette théorie à l'attention du public, mais en réalité, l'histoire remonte aussi loin que dans les années cinquante, quand on découvrit l'iproniazid. L'iproniazid est un médicament d'abord mis au point pour soigner la tuberculose. En 1957 toutefois, des scientifiques découvrirent incidemment que le médicament guérissait aussi la dépression majeure. En fait, l'iproniazid était un antidépresseur si efficace qu'en un an on le prescrivit à 400 000 patients. C'était le premier d'une catégorie de médicaments connus par la suite sous le nom d'inhibiteurs de la mono-amino-oxydase ou IMAO.

Au moment de cette découverte accidentelle, les scientifiques étaient déjà conscients que certains acides aminés réussissaient à influencer la pression sanguine, le rythme cardiaque et l'insomnie. Ils savaient que le corps fabrique des substances chimiques pour ses propres besoins et qu'ensuite, il les détruit ou les réabsorbe quand celles-ci ont fait leur travail.

Quand les effets antidépresseurs de l'iproniazid furent découverts, les scientifiques commencèrent à examiner ses effets sur les composés chimiques du cerveau. Cette investigation révéla bientôt que l'iproniazid rehaussait les niveaux de ces acides aminés actifs biologiquement, même si c'était de façon indirecte. L'iproniazid inhibe l'enzyme mono-amino-oxydase (d'où son nom d'inhibiteur mono-amino-oxydase, ou IMAO). Le travail de la mono-amino-oxydase consiste à détruire les acides aminés en trop. Quand la mono-amino-oxydase est inhibée par l'iproniazid, ces acides aminés commencent à se constituer en plus grand nombre.

D'après cet élément d'information, il sembla qu'en fait la dépression pouvait être provoquée par un manque d'acides aminés. L'idée était plausible parce que certains de ces acides aminés étaient connus pour être utilisés par le système nerveux afin de transmettre ses signaux. Les scientifiques se dirent qu'un ralentissement du système nerveux provoqué par de faibles niveaux d'acides aminés tendait à affaiblir les fonctions du cerveau et à provoquer les symptômes de la dépression. En rehaussant artificiellement le niveau des neurotransmetteurs, l'iproniazid pouvait ainsi éliminer ces symptômes.

Cette idée, sensée après tout, reçut plus tard un second élan quand on découvrit un nouvel antidépresseur, l'imipramine. L'imipramine n'inhibe pas la mono-amino-oxydase. Les scientifiques qui cherchaient à mettre en lumière ses effets furent heureux de découvrir que l'imipramine avait toutefois ses propres moyens de rehausser les niveaux d'acides aminés. Normalement, les terminaisons nerveuses envoient des acides aminés parcourir la faible distance d'un synapse et réabsorbent ensuite ces acides aminés une fois que le message a été délivré. C'est là un autre moyen que le corps a trouvé pour empêcher les acides aminés de s'accumuler à des niveaux excessifs. Mais l'imipramine empêche cette réabsorption, le résultat net étant une hausse des niveaux de norépinéphrine et de sérotonine, et une amélioration de l'état dépressif. Le modèle semblait convaincant.

Une observation ultérieure confirma l'hypothèse. Le médicament réserpine, qui servait à contrôler la pression sanguine, était déjà connu pour rendre certaines personnes dépressives. Les chercheurs en médecine furent très emballés quand ils découvrirent que la réserpine abaissait le niveau des acides aminés dans le cerveau. Encore une fois, de faibles niveaux d'acides aminés entraînaient la dépression. La théorie des acides aminés était sur la bonne voie.

Le millepertuis fut également l'objet d'investigations scientifiques pour vérifier son influence sur les composés chimiques du cerveau. (Nous discuterons des résultats de ces recherches au chapitre 5.) Les compagnies pharmaceutiques synthétisèrent de nouveaux antidépresseurs qui fonctionnaient comme des drogues conçues exprès pour atteindre des neurotransmetteurs spécifiques. De plus en plus de gens commencèrent à prendre des médicaments antidépresseurs en obtenant de bons résultats et, très bientôt, les théories faisant appel à la « quincaillerie » reprirent le dessus. Depuis la théorie médicale des humeurs, c'était la première fois que la dépression était considérée comme une maladie physiologique.

Le fait que le corps redevienne le centre de l'attention apportait de grands avantages, l'un d'entre eux étant que cela enlevait la honte liée à la dépression. Depuis le Moyen Âge, les gens dépressifs avaient dû subir, en plus de leurs malaises, le fait d'être considérés comme paresseux, fous ou possédés. Avec l'avènement de la théorie des acides aminés, la dépression pouvait être conçue comme une «véritable» maladie, une déficience chimique, tout comme le diabète ou l'hypothyroïdie.

De toute évidence, la dépression est une véritable maladie et les substances chimiques du cerveau sont indiscutablement en cause. Il y a néanmoins certains problèmes sérieux dans la théorie des acides aminés.

Les failles de la théorie des acides aminés

En dépit des preuves impressionnantes qui la sous-tendent et des médicaments qu'elle a permis de créer, la théorie des acides aminés semble de toute évidence n'être pas tout à fait au point. D'abord, les médicaments antidépresseurs rehaussent les niveaux d'acides aminés biologiques en quelques jours tout au plus, et pourtant les effets antidépresseurs de ces médicaments prennent des semaines à émerger. Que se passe-t-il durant ce laps de temps?

Un autre problème tient au fait que différents antidépresseurs, tout en affectant des acides aminés différents, donnent des résultats semblables. Certains médicaments rehaussent les niveaux de sérotonine; d'autres affectent la norépinéphrine. Ce sont là des produits chimiques très différents et il est difficile d'accepter le fait qu'ils pourraient être interchangeables; mais il semble que ce soit le cas. Pour rendre les choses encore plus confuses, le médicament buproprion (Wellbutrin) n'affecte pas les niveaux de norépinéphrine et de sérotonine, mais fonctionne tout aussi bien que le Prozac — certains diraient même mieux encore.

De toute évidence, il manque une partie des données; peut-être même la majeure partie d'entre elles. À la réflexion, cela ne devrait pas surprendre. Il existe des milliers de substances chimiques dans le cerveau. Peut-être les produits antidépresseurs provoquent-ils leur effet en influençant indirectement les niveaux de produits chimiques qui ne sont pas encore identifiés; ils modifient la «soupe», pour parler ainsi, d'une manière que nous ne comprenons pas encore. Certains chercheurs soupçonnent que les endorphines et bien d'autres hormones spécifiques auraient un rôle à jouer. Toutefois, cela relève encore de la spéculation.

Les produits chimiques non reconnus ne constituent pas la seule complication. Les scientifiques ont récemment découvert que le cerveau possède plusieurs sortes de récepteurs différents pour la sérotonine et la norépinéphrine. Les antidépresseurs semblent modifier certains de ces récepteurs plus que d'autres, produisant ainsi différents effets dans différentes parties du cerveau. C'est peut-être la *distribution* différente des substances chimiques du cerveau et non pas leur *quantité* qui compte le plus dans la dépression. Mais cela aussi tient de l'hypothèse.

Il faudra sans doute beaucoup de temps avant que la chimie du cerveau ne soit totalement comprise. En attendant, la vérité c'est que nous ne savons pas vraiment comment les antidépresseurs fonctionnent, qu'il s'agisse de médicaments ou d'herbes.

Et nous ne devrions pas non plus tourner le dos aux théories relevant de la « programmation ».

Portrait général

Il est réaliste de penser que la dépression est le résultat d'une combinaison d'influences. Une enfance difficile, des acides aminés biologiques, des souvenirs réprimés, une chimie du cerveau inconnue, un discours intérieur négatif et des emplacements de récepteurs d'acides aminés particuliers ; tout cela est probablement important et constitue autant d'éléments qui s'influencent mutuellement. D'autres part, le Prozac peut faciliter la psychothérapie et la psychothérapie peut probablement rehausser les niveaux de sérotonine. Le corps est un tout.

Pour illustrer l'interdépendance des causes de la dépression, j'aimerais utiliser l'image suivante. Imaginons une automobile roulant sur un chemin couvert de clous. L'auto avancera probablement lentement parce que le conducteur tentera d'éviter les clous. Mais s'il y a suffisamment de clous, l'un d'entre eux finira inévitablement par percer un pneu et l'auto finira par s'arrêter.

Dans cette analogie, il est évident que ce sont les clous sur le chemin qui constituent le problème. Néanmoins, deux autos s'en allant sur cette même route obtiendront des résultats différents. Leur sort dépend en grande partie de la robustesse de leurs pneus. Des pneus faibles peuvent se briser parce qu'ils auront été percés, ne serait-ce qu'à cause de quelques petits clous émoussés sur la route. Mais des pneus solidement construits et faits d'épaisses couches de caoutchouc et d'acier peuvent résister à tout, à moins qu'il ne s'agisse d'énormes et d'horribles pointes acérées.

Ainsi, les facteurs externes et internes comptent tout autant. Et si une auto devait se briser au milieu d'une telle route, deux différents types de « traitements » pourraient s'appliquer. Il faudrait réparer les pneus, mais il faudrait également enlever les clous du chemin. Le fait de ne s'occuper que d'une seule partie de cette équation produirait au mieux une solution temporaire. Les causes du problèmes sont dans l'auto et sur la route ; les deux doivent être corrigées pour obtenir de bons résultats.

Cette histoire est une allégorie de la dépression. Si vous grandissez dans une famille malheureuse, vous passez la plus grande partie de votre jeunesse à « conduire prudemment » pour éviter les pointes de la violence. Afin de survivre, vous devez dépenser beaucoup d'énergie supplémentaire et cela vous empêche de vivre pleinement une vie normale.

À un certain moment, vous avez été plus ou moins blessé. Vous avez entendu des paroles violentes et infamantes, vous avez peut-être connu des abus physiques et sexuels, et vous en avez souffert. Or, l'étendue de votre souffrance dépend en grande partie de votre constitution physique. Comme l'auto dans l'histoire, certaines personnes sont plus sensibles aux blessures affectives que d'autres.

Nous avons tous connu des gens qui ont grandi dans des environnements horribles, mais qui sont devenus assez bien équilibrés, et d'autres qui venaient de familles décentes mais qui ont développé tout de même de sérieux problèmes affectifs. Cela est dû à la qualité du « pneu » dans le problème. Les gens sont dotés de bagages génétiques extrêmement variés. Certains ensembles de gênes donnent une résistance extraordinaire. D'autres rendent une personne sujette à développer une dépression à la moindre provocation.

Bien sûr, le corps est beaucoup plus complexe et raffiné qu'une automobile. À la différence d'une machine, le corps a la possibilité de se guérir lui-même. Avec une psychothérapie réussie, ou même une véritable détermination personnelle, le cerveau peut ajuster son propre équilibre chimique et éliminer les symptômes de la dépression. Toutefois, cela n'est pas facile et si les effets génétiques sur la dépression sont trop forts, on n'y arrive tout simplement pas.

C'est là que le millepertuis et d'autres antidépresseurs peuvent être utiles. En améliorant l'équilibre chimique du cerveau, les antidépresseurs agissent sur le côté « pneu » de l'équation. En augmentant l'énergie et en améliorant l'humeur, tout peut devenir plus facile. Mais vous pouvez obtenir plus de succès en psychothérapie et acquérir une meilleure habileté à opérer des changements de vie positifs. Peut-être serez-vous capable de commencer à faire plus d'exercice, à sortir plus, à manger mieux, à vous adonner à des activités que vous aimez et à développer de meilleures relations avec les autres. Une fois sur la route ascendante, un cycle gagnant s'instaure et le millepertuis peut contribuer à le mettre en place.

Bien sûr, les traitements classiques pour lutter contre la dépression n'incluent pas le millepertuis. En général, ce sont des médicaments chimiques qui sont utilisés comme traitements. Pour savoir en quoi le millepertuis peut constituer une meilleure solution, il faut connaître les risques et les avantages des antidépresseurs pharmaceutiques.

CHAPITRE QUATRE

Les traitements classiques et leurs inconvénients

· Le Prozac : divergences entre les effets secondaires observés et les statistiques officielles

· Zoloft et Paxil

· Trazodone et Serzone

· Wellbutrin

· Effexor

· Les tricycliques

· Les inhibiteurs de la mono-amino-oxydase (IMAO)

· Au-delà des médicaments

Les médicaments antidépresseurs ont fait du bien à des millions de personnes dépressives. Cependant, tous ces médicaments peuvent provoquer une grande variété d'effets secondaires, dont quelques-uns sont assez graves. Dans le présent chapitre, je décris quelques-uns des avantages et des inconvénients liés à ces puissantes drogues.

L'histoire des médicaments antidépresseurs commence avec l'iproniazid, un médicament contre la tuberculose dont on a découvert presque par hasard qu'il pouvait servir d'antidépresseur. L'iproniazid a été retiré du marché après la publication de rapports donnant à croire qu'il pouvait donner la jaunisse. Mais, au cours de sa brève existence, ce médicament s'était avéré si efficace qu'on entama de sérieuses recherches pour lui trouver des remplaçants. Cet effort conduisit rapidement à la création de deux grandes catégories d'antidépresseurs qui allaient dominer le marché pendant des décennies : les inhibiteurs de la mono-amino-oxydase ou IMAO, qui fonctionnent comme l'iproniazid, et les tricycliques, dont l'imipramine fut le premier représentant.

Ces médicaments de la première heure étaient des antidépresseurs efficaces, mais on s'aperçut qu'ils provoquaient de nombreux effets secondaires et qu'ils étaient toxiques. Afin d'atténuer ces problèmes, les chercheurs tentèrent de rendre l'action de ces médicaments plus spécifique.

Les IMAO et, à un degré moindre, les tricycliques agissent violemment sur le plan médical, dans le sens qu'ils rehaussent le niveau de nombreux acides aminés. Les scientifiques soulevèrent l'hypothèse qu'un seul acide aminé comptait pour lutter contre la dépression et que c'était le fait de modifier le niveau des autres acides aminés qui créait sans doute les inconvénients et les effets secondaires des antidépresseurs. En cherchant à mettre au point des médicaments qui agiraient sur une seule substance chimique à la fois, ils espéraient pouvoir mettre au point un bon remède qui soulagerait la dépression sans rien faire d'autre.

C'est de là que sont nés les inhibiteurs recapteurs de sérotonine, ou SSRI. Cette catégorie de médicaments, dont le Prozac est le plus célèbre représentant, arrive à élever spécifiquement les niveaux de sérotonine sans affecter les autres grands acides aminés. Au cours de leur développement, les SSRI s'avérèrent être des antidépresseurs puissants tout en étant beaucoup moins dangereux que leurs prédécesseurs quand on en prenait en trop grande quantité. Cependant, à la grande déception des chercheurs, on n'est toujours pas arrivé à réaliser la croisade pour atteindre le degré zéro dans les effets secondaires. C'est pourquoi la recherche continue pour mettre au point des antidépresseurs sans aucun effet secondaire.

En réalité, le millepertuis représente cet idéal d'un antidépresseur sans inconvénients (à tout le moins pour les dépressions légères ou moyennes). Dans le chapitre 5, nous évaluerons les bienfaits de cette herbe. Mais je ferai d'abord un tri dans l'incroyable panoplie des solutions pharmaceutiques qui permettent de lutter contre la dépression et j'évaluerai leurs forces et leurs faiblesses. J'analyserai également les nombreux problèmes d'ordre général qui créent de la confusion dans les études sur la sécurité et l'efficacité des médicaments servant à contrer la dépression.

Le Prozac

Le premier des SSRI à avoir été mis au point est le Prozac, suivi de près par le Zoloft, le Paxil et le Serzone. Le Prozac est le médicament qui fit connaître au grand public les antidépresseurs et, encore aujourd'hui, c'est l'antidépresseur le plus prescrit de toute l'histoire. L'attrait du Prozac réside dans ses caractéristiques dynamisantes.

Parmi les antidépresseurs, tous les membres de la famille des tricycliques ont ces effets secondaires qui nuisent à la résolution de la dépression : la fatigue et la somnolence. Étant donné que l'impression de manque d'énergie est l'une des caractéristiques de la dépression, un médicament qui affaiblit n'a pas tellement d'avantages comme antidépresseur. Pour des dépressions majeures, une telle drogue peut sembler satisfaisante. Mais pour des dépressions légères ou moyennes, les médications qui provoquent de grandes fatigues sont à peu près inutiles.

Les médicaments tricycliques produisent tellement de somnolence qu'ils constituent même d'excellents somnifères. Quand on en prend, il peut devenir difficile d'affronter les activités de la vie quotidienne ; et, de fait, les étiquettes préviennent des dangers qu'il y a à conduire une automobile ou à manipuler de la machinerie lourde. Certains trouvent attirante la perspective de dormir toute leur vie, mais la plupart des gens souffrant de dépression préfèrent attaquer la vie debout et avec succès. D'où la grande contribution du Prozac. Alors qu'il arrive à procurer les mêmes avantages antidépresseurs que les médicaments tricycliques, le

Prozac apporte aussi à bien des gens un plus grand sentiment d'énergie et de vivacité — une combinaison qui a fait, du jour au lendemain, l'étonnant succès du Prozac.

Mais, quelque temps seulement après que ce médicament vraiment très utile pour les dépressions légères ou moyennes fut sur le marché, des rapports commencèrent à surgir révélant des effets secondaires étonnamment graves. Il s'avéra que la force de cette drogue constituait également sa faiblesse. Bien que certaines personnes aient déclaré ressentir un regain d'énergie, tout autant de gens déclaraient souffrir d'insomnie, d'impatience, d'agitation, d'irritabilité et d'anxiété, disaient avoir la bouche sèche et ressentir des sueurs et des palpitations. En d'autres termes, ils subissaient des symptômes de stimulation excessive.

Il est saisissant de voir que ces effets sont semblables à ceux qui accompagnent les stimulants les plus classiques, comme la caféine, la cocaïne et les amphétamines. Pour cette raison, dans son livre populaire *Talking Back to Prozac*, Peter Breggin croit que le Prozac n'est pas vraiment un antidépresseur. Il prétend qu'il pourrait être classé parmi les stimulants et qu'il devrait être réglementé en tant que drogue dangereuse, pouvant créer l'accoutumance. La plupart des gens ne seraient pas d'accord avec une perspective aussi radicale, mais il ne fait aucun doute que les propriétés stimulantes du Prozac constituent fréquemment un gros problème.

Pour ceux chez qui l'insomnie accompagne la dépression, les inconvénients du Prozac peuvent sembler évidents dès la première dose. Ils ont en général plus de difficulté à s'endormir et le symptôme familier du réveil précoce s'aggrave. Comme avec l'usage des autres stimulants, le sommeil manqué peut ne pas trop affecter au début. Les gens qui viennent de commencer à prendre du Prozac disent qu'ils se sentent alertes et énergiques même s'ils ne dorment pas bien. Toutefois, après un moment, le manque de sommeil commence à faire effet. La vigueur ressentie au début du traitement au Prozac commence à leur sembler artificielle, leur mémoire et leur concentration diminuent et, comme me le disait une patiente : « Je me sens un peu comme si j'avais trop bu. »

Les médecins en général préfèrent utiliser d'autres antidépresseurs quand leurs patients souffrent d'insomnie ; et s'ils choisissent le Prozac, ils prescrivent souvent un autre médicament à prendre au coucher. Par ailleurs, certains dépressifs dorment trop. Si tel est votre cas, peut-être trouverez-vous que les effets stimulants du Prozac correspondent justement à vos besoins.

La réduction du sommeil n'est pas le seul effet secondaire stimulant du Prozac. Il peut également provoquer plus d'agitation durant le jour ainsi que de l'irritabilité. Bien des gens disent qu'ils ressentent une curieuse agitation intérieure qui les empêche de tenir en place et qui les pousse à mâcher de la gomme. D'autres symptômes comprennent une augmentation générale de l'anxiété, ainsi que certains symptômes comme la sécheresse buccale, les palpitations cardiaques et de l'hypervigilance. Un de mes patients disait : « Quand j'ai pris du Prozac, je me sens comme si j'avais bu 10 tasses de café. » Les utilisateurs d'amphétamines parlent de la même façon.

Pour être juste, j'ajouterais que bien des gens ne sentent rien d'autre avec le Prozac qu'une légère et subtile augmentation de leur énergie, et quelques-uns disent même ressentir de la somnolence. Plusieurs de ceux qui ressentent des effets secondaires trouvent que les plus désagréables d'entre eux finissent par s'estomper. Mais, ce soulagement graduel ne survient pas nécessairement et plusieurs patients finissent par trouver que l'excès de stimulation lié au Prozac constitue une raison suffisante pour arrêter d'en prendre. Le fait que les résultats soient si imprévisibles est un phénomène fréquent avec toutes les drogues et cela oblige inévitablement les gens à faire leurs propres expériences sur le mode de l'essai et de l'erreur.

Le millepertuis peut constituer une solution très utile pour ceux qui se sentent trop excités avec le Prozac. Même si cette plante est également dynamisante, ses effets semblent toujours être plus doux et mieux tolérés.

Une stimulation excessive n'est pas l'unique problème lié au Prozac. Bien des femmes qui en prennent pendant plusieurs semaines ou plusieurs mois se plaignent d'un effet frustrant et habituellement intolérable : l'anorgasmie, l'incapacité d'atteindre l'orgasme. Bien qu'elles puissent être excitées sexuellement, elles n'arrivent pas à atteindre l'orgasme et ces femmes restent frustrées et insatisfaites.

Selon la liste officielle des effets secondaires du Prozac, ce problème serait rare. Cependant, dans la pratique en clinique, c'est là une des raisons les plus souvent invoquées par les patientes pour cesser de prendre ce médicament. En fait, la difficulté à atteindre l'orgasme est si fréquente qu'il existe au moins deux antidépresseurs concurrents sur le marché qui se targuent spécifiquement de ne pas nuire à l'orgasme (Serzone et Wellbutrin, décrits plus loin dans ce chapitre). Les raisons de cette différence seront évoquées dans une section séparée consacrée à de telles divergences.

Chez les hommes, cet effet secondaire peut prendre la forme de difficultés à éjaculer ou entraîner carrément l'impuissance, mais de tels problèmes sont moins fréquents que le problème féminin. Quelques hommes apprécient même cet effet secondaire. Ils trouvent que le Prozac règle leurs problèmes d'éjaculation précoce et certains en prennent même spécifiquement à cet effet.

En plus de nuire à l'orgasme, le Prozac peut également provoquer une baisse de la libido. Cet effet secondaire arrive aussi bien aux hommes qu'aux femmes, et cela peut être extrêmement déplaisant. Un patient me disait : « J'aime bien me sentir moins déprimé, mais on dirait que le sexe n'existe même plus pour moi. C'est comme si une partie de moi m'avait été complètement retirée. »

Le mal de tête est un autre effet secondaire du Prozac. En fait, selon les statistiques officielles, 20 p. 100 des patients qui prennent du Prozac ont des maux de tête. Cependant, le problème n'est pas aussi grave qu'on pourrait le croire, car 15 p. 100 des patients à qui l'on a donné un placebo dans les recherches officielles ont également ressenti des maux de tête. La simple idée de prendre un médicament suffit à provoquer des maux de tête, semble-t-il.

Les maux de tête provoqués par le Prozac peuvent néanmoins être graves, probablement plus graves que les maux de tête liés aux placebos. Plusieurs de mes patients ont commencé à avoir des attaques de migraine carabinée pour la première fois de leur vie quand ils ont commencé à prendre du Prozac, et dans certains cas, il fallut un mois ou deux ensuite pour résoudre le problème. Il arrive cependant que chez certains, et c'est encore là un exemple de l'aspect imprévisible des drogues, le Prozac *soulage* les migraines.

Parmi les autres problèmes physiques causés par le Prozac, on trouve les nausées et la diarrhée. Selon les statistiques officielles, 21,1 p. 100 de ceux qui prennent du Prozac ressentent des nausées et 12,3 p. 100 d'entre eux souffrent de diarrhée, et ces chiffres correspondent assez bien à l'expérience en clinique. On voit aussi des diminutions de poids résultant d'une perte de l'appétit, bien que cela soit rarement suffisant pour faire du Prozac une pilule efficace pour maigrir.

Les gens qui prennent du Prozac se plaignent également assez souvent du fait qu'ils ne peuvent plus «retrouver leurs idées». J'ai déjà dit comment le fait d'être privé de sommeil à cause d'un médicament pouvait provoquer des pertes de mémoire et une baisse dans la concentration, mais le Prozac semble provoquer directement ces effets secondaires chez certains patients. Parmi ces symptômes, on signale des gens qui marchent dans une pièce sans arriver à se rappeler pourquoi, qui oublient leurs rendez-vous ou qui sont incapables de garder le fil de leurs pensées.

Parmi les effets secondaires attribués au Prozac, le plus spectaculaire concerne le spectre d'une hausse de la violence exercée envers les autres et envers soi. Cette accusation est apparue pour la première fois en 1990, quand le docteur Martin Teicher de l'hôpital McLean rapporta que six de ses patients dépressifs avaient soudain ressenti des tendances suicidaires intenses après avoir commencé à prendre du Prozac. Par la suite, plusieurs poursuites en justice furent intentées contre le fabricant du Prozac, actions où l'on prétendait que ce médicament était à la source de violentes agressions criminelles. Du jour au lendemain, le Prozac se gagnait la réputation d'être une drogue meurtrière.

Il est cependant facile de se tromper si l'on ne se fie qu'à des anecdotes. La plupart des actes violents attribués à l'usage du Prozac furent commis par des gens qui avaient déjà un passé violent. Le Prozac avait-il provoqué cette violence, ou était-ce simplement une bonne excuse ? N'oublions pas que le suicide est une caractéristique classique de la dépression elle-même. Serait-il possible que ce qui ressemble à un suicide provoqué par le Prozac ne soit qu'un suicide que le Prozac n'a pas réussi à éviter ? Étant donné que plus de gens prennent du Prozac plus que tout autre antidépresseur auparavant, le nombre de cas de suicides commis par une personne prenant du Prozac devrait naturellement être plus élevé, comparativement.

En fait, une évaluation attentive des données prouva qu'en proportion, les gens qui prennent du Prozac ne se suicident pas plus que ceux qui prennent les antidépresseurs plus anciens. Cette analyse mathématique apaise considérablement les peurs du public et restaure leur confiance. Nonobstant ce qu'on peut lui reprocher, le Prozac n'est pas meurtrier.

Malgré ces données, on n'a pas dit le dernier mot sur le sujet. *En moyenne,* le Prozac *réduit* probablement le taux de suicide chez les gens dépressifs, en traitant leur dépression. Cependant, il est encore possible que le Prozac augmente le goût du suicide chez *certaines* personnes. C'est certes là l'impression de Martin Teicher et il n'y a pas de raison de douter de ses propos. Les médicaments peuvent provoquer, chez certains, des effets secondaires qui n'affectent pas la majorité des gens qui en prennent. Le Prozac peut présenter un réel danger de violence pour une petite portion de la population.

Il existe un sujet de préoccupation sans doute plus sérieux en ce qui a trait aux dangers du Prozac : il s'agit de la possibilité d'effets secondaires à long terme. Il est beaucoup plus difficile d'établir les normes de sécurité en rapport avec un médicament sur une longue période que de déterminer les conséquences néfastes à court terme. Les tests qui servent à vérifier si un médicament est inoffensif vont très rarement au-delà de huit semaines. Si jamais le Prozac provoquait des effets secondaires après, disons, 15 ans d'usage, il n'y aurait aucun moyen de le savoir maintenant ; le médicament n'est pas utilisé depuis aussi longtemps.

En réalité, on ne connaît pas les dangers à long terme de la plupart des médicaments. En général, on ne les découvre que par hasard ; et s'ils surviennent rarement, ils sont aussi très difficiles à reconnaître. Mais la plupart des médicaments sont pris pour prévenir des complications relativement sérieuses. Prenons par exemple les médicaments servant à faire baisser la pression sanguine, et que l'on prend pour prévenir les crises cardiaques et les infarctus : ils comportent une faible part de risques de problèmes inconnus qui valent sans doute la peine d'être courus à cause des grands avantages qu'on y trouve.

De la même façon, la dépression profonde est une maladie pouvant provoquer la mort. Le fait d'utiliser des antidépresseurs pour prévenir un mal immédiat vaut sans doute la peine de courir le risque de conséquences inconnues. La vie exige que l'on fasse des choix. Mais aujourd'hui, il est devenu presque banal de prendre du Prozac. Les médecins en prescrivent pour une grande variété de symptômes — des syndromes prémenstruels jusqu'à l'éjaculation précoce — et dans plusieurs de ces cas, il ne vaut pas toujours la peine de faire ce choix implicite entre l'avantage à court terme et le danger à long terme.

Le problème le plus grave tient au fait que le Prozac peut provoquer un syndrome différé, du type de la dyskinésie tardive. C'est là une maladie provoquée par l'usage prolongé de médicaments servant à traiter la schizophrénie. Un syndrome de mouvements anormaux (la dyskinésie), comme son nom le suggère, peut apparaître après des années ou même des décennies chez quelqu'un qui prend des médicaments anti-schizophréniques (c'est pourquoi on parle de symptômes « tardifs »). Les mouvements incontrôlables de la dyskinésie tardive sont assez désagréables, ils impliquent un mouvement incontrôlé des lèvres, la langue qui roule et des grimaces faciales. Le pire avec ce syndrome, c'est qu'il ne s'en va pas nécessairement, même si l'on cesse la médication. La dyskinésie tardive reste souvent pour la vie.

Il n'y a pas de garantie que le Prozac ne produise pas ses propres syndromes chez les gens qui en prennent depuis une longue période ; et il y a de bonnes raisons de croire que cela existe. Bien que l'on ne comprenne pas encore tout à fait la dyskinésie, cette affection semble être une sorte de version permanente des effets secondaires typiques des médicaments anti-schizophréniques. Qu'arrivera-t-il si, de la même manière, les effets exagérément dynamisants du Prozac devenaient permanents, menant à un syndrome perpétuel d'agitation, de nervosité et d'insomnie ? Pour le moment, cela n'est que pure spéculation ; mais si l'on tient compte des effets secondaires désastreux liés aux autres médicaments, peut-être devrions-nous prendre cela au sérieux.

Malgré ces conséquences à long terme, le Prozac a montré peu de toxicité immédiate. Les patients qui ont tenté de se suicider avec du Prozac n'ont ressenti en général que des symptômes relativement doux après leur surdose, comme des vomissements et de l'agitation, bien que des convulsions soient également survenues dans de rares cas.

Pourquoi la liste officielle des effets secondaires du Prozac paraît-elle si bien ?

Malgré les problèmes décrits précédemment, les statistiques officielles décrivant les effets secondaires du Prozac montrent un médicament qui semble presque sans effets secondaires. Par exemple, le *Physicians' Desk Reference* (PDR) parle d'une incidence d'effets secondaires de moins de 2 p. 100 dans le domaine de la sexualité. Cela tranche tellement avec la réalité entrevue en clinique privée qu'il doit y avoir une explication. La voici.

Au premier coup d'œil, le fabricant du Prozac, Eli Lilly, s'est très bien acquitté de sa tâche pour tester les effets secondaires. Le PDR affirme que la fréquence des effets secondaires a été déterminée à partir d'un bassin de 1 730 patients testés lors d'essais cliniques où l'on utilisait aussi des placebos. Cela semble impressionnant, mais une analyse plus détaillée montre plusieurs sources probables d'erreur.

Le problème le plus évident consiste peut-être dans le fait que ces recherches n'ont duré que de quatre à six semaines. Il faut souvent pas mal plus de temps pour que surgisse le problème de l'anorgasmie, et même si cela survenait à l'intérieur de cette période, les femmes pourraient ne pas faire immédiatement le lien entre le symptôme et le médicament. Ainsi, pour détecter l'anorgasmie, la période de dépistage était vraiment trop brève.

Cette réserve est aggravée par le fait qu'une grande partie des gens ont rapidement abandonné le programme de recherches sur le Prozac. Selon Peter Breggin, dans *Talking Back to Prozac,* seuls 286 patients ont en réalité terminé les expériences de quatre à six semaines ayant servi de base pour recevoir l'approbation de la FDA. C'est là un très petit nombre, en fait pas vraiment suffisant pour fonder des conclusions sérieuses sur la fréquence des effets secondaires.

Mais il y a encore une autre raison pour douter des rapports officiels sur les effets secondaires. Pour obtenir des résultats sérieux, surtout quand il s'agit de sujets délicats comme les problèmes d'ordre sexuel, il est essentiel d'avoir de bonnes techniques d'entrevue. Bien des patients ne veulent tout simplement pas admettre qu'ils ont de tels problèmes. Les recherches exécutées dans le domaine des problèmes de sexualité ont démontré que les gens qui prennent des antidépresseurs souffrent beaucoup plus souvent de tels problèmes, les taux passant souvent de 1 à 3[1].

En clinique, pratiquement tous les grands effets secondaires du Prozac semblent survenir beaucoup plus souvent que ce que les chiffres officiels reconnaissent. Les pourcentages officiels sur les effets secondaires sont probablement très loin derrière la réalité.

À quel point le Prozac soigne-t-il la dépression, en réalité ?

La réponse à cette question fondamentale reste confuse, non seulement pour le Prozac mais également pour les autres antidépresseurs. La dépression n'est pas facile à évaluer scientifiquement. À la différence de la pression sanguine ou du diabète, on ne peut pas mesurer la gravité d'une dépression chez quelqu'un. La dépression est d'abord et avant tout une expérience subjective, et il n'y a aucun moyen d'éviter de se fier aux commentaires personnels du patient et aux impressions du médecin. Ce que les patients rapportent et ce que les médecins ressentent est difficile à objectiver et il est facile d'être influencé en cette matière, ce qui rend les données extrêmement variables.

Afin d'atteindre quelque peu d'objectivité, ceux qui font des expériences font appel à une technique d'entrevue bien précise que l'on appelle le *Hamilton Depression Rating Scale* (HAM-D). Administré par un médecin, le HAM-D est un test qui tient compte de signes physiques, comme la lenteur du discours et des mouvements, ou encore des réponses à des questions comme

« Pleurez-vous souvent sans raison ? » et « Vous sentez-vous fatigué ? » Toutes les observations et les réponses sont converties en résultats chiffrés, et on obtient le score total du HAM-D en combinant toutes ces données. Les résultats les plus élevés indiquent une dépression plus grave.

On utilise largement le test HAM-D et d'autres tests du genre dans les recherches pour évaluer l'efficacité des antidépresseurs. En général, dans un essai clinique, on donne à certains patients un placebo et à d'autres le véritable médicament. Après un certain temps, le test HAM-D est repris et les résultats sont colligés pour évaluer l'effet respectif de la drogue et du placebo sur la dépression.

Malheureusement, alors que le HAM-D est beaucoup plus fiable que le simple fait de demander aux médecins de décider si leurs patients semblent ou non prendre du mieux, l'échelle laisse tout de même planer un grand nombre de doutes. Une des difficultés tient au fait que l'on voit différents résultats quand différents médecins administrent le HAM-D au même patient. Pour de meilleurs résultats, il est recommandé que tous les médecins engagés dans une recherche apprennent d'un même superviseur à utiliser le HAM-D, afin de standardiser leur mode d'évaluation. Mais on néglige souvent cette étape et même quand on la respecte, les résultats sont loin d'être constants. Les évaluations des différents médecins peuvent encore différer largement et, comme nous le verrons dans ce qui suit, l'influence de la suggestion prend beaucoup de place.

Il n'y a pas que les limites de fiabilité du HAM-D qui nuisent pour évaluer de façon sûre l'efficacité du Prozac. Il existe un problème probablement plus sérieux qui tient à la nature même des expériences effectuées.

Dans une bonne recherche à double insu, ni le médecin ni le patient ne peuvent voir la différence entre le placebo et le médicament. En d'autres termes, les deux sont « masqués » afin d'empêcher le pouvoir de la suggestion de biaiser les résultats.

Quand les gens savent qu'ils prennent un véritable médicament, ils ont fortement tendance à s'attendre à des résultats, ce qui peut effectivement permettre à ces résultats de se produire.

Bien sûr, l'inverse est également vrai pour le placebo. De la même façon, un médecin conscient de ce qu'il y a dans une capsule peut, sans s'en rendre compte, transmettre des idées positives ou négatives par son attitude ou le ton de sa voix. Pour qu'un test ne soit pas biaisé, il faut absolument qu'il soit impossible de dire où est le véritable médicament et où est le placebo. Les deux sont habituellement analogues dans leur présentation et personne ne connaît leur identité, excepté un comité supervisant l'expérience.

Toutefois, le Prozac occasionne tant d'effets secondaires qu'il est facile pour les patients qui prennent du Prozac d'être parfaitement conscients que ce qu'ils prennent n'est pas un placebo. La différence peut leur apparaître immédiatement, comme ce serait le cas entre du café et du décaféiné. Ainsi, une expérience qui a toutes les apparences d'une expérience à double insu peut, en réalité, être tout à fait transparente.

Cette perte du secret signifie que le pouvoir de suggestion peut teinter l'évaluation, et on ne doit jamais sous-estimer le pouvoir de suggestion. Des années d'expérience ont prouvé que des attentes positives ont le pouvoir d'améliorer presque toutes les maladies. Si l'on tient compte du battage publicitaire effectué autour du Prozac, son pouvoir suggestif peut être très grand en réalité.

Les patients qui sont convaincus de prendre effectivement un médicament sont enclins à adopter une attitude optimiste par rapport à leurs symptômes et en général ils se persuadent qu'ils se sentent mieux. Cela peut mener à une amélioration des résultats du HAM-D. Mais un placebo peut faire plus que cela ; il peut en réalité accélérer la guérison. On sait que tel est le cas pour de nombreuses maladies, y compris des maladies aussi réelles que des infections ; et quand la maladie est psychologique au départ, les influences psychologiques sont sans aucun doute encore plus fortes. Les patients déprimés, sachant qu'ils prennent du Prozac, peuvent se dire : « Comme je prends un médicament très puissant, je vais être moins déprimé bientôt. » Cela crée une sorte de discours intérieur positif qui peut être aussi bénéfique qu'une psychothérapie coûteuse.

Par ailleurs, les effets secondaires propres au Prozac peuvent améliorer le potentiel des placebos parce que leurs effets sont directement reliés à la maladie traitée. Les effets stimulants donnent l'impression de soulager la dépression, ce qui peut convaincre les patients que leur dépression s'achève, et nourrir leur imagination avec des pensées beaucoup plus positives. Bien sûr, il n'y a rien de mal à avoir des pensées positives. Toutefois, cela peut embrouiller les données quand il s'agit de déterminer la véritable efficacité du Prozac.

D'autre part, les médecins ont une foi implicite dans le pouvoir des médicaments, surtout des nouveaux médicaments. Voici comment cette foi peut déformer les résultats des expériences où l'on cherche à comparer les effets du Prozac et des placebos. Si un médecin, en administrant le HAM-D, s'aperçoit qu'un patient devient plus agité ou qu'il dit souffrir encore plus d'insomnie, il peut en venir à croire que ce patient prend du Prozac plutôt qu'un placebo. Ce doute peut être conscient ou inconscient. Dans les deux cas, quand il administre le test, le médecin peut, sans s'en rendre compte, biaiser ses observations et refléter les attentes qu'il a par rapport aux améliorations.

Par conséquent, les effets de la suggestion peuvent jouer de toutes sortes de façons imprévisibles dans l'évaluation du Prozac (et des autres antidépresseurs). Ce problème peut être surmonté en utilisant de la caféine comme placebo plutôt que du sucre. Cela n'a toutefois jamais été tenté. Nous sommes donc dans une position où il est impossible de savoir jusqu'à quel point les bienfaits apparents du Prozac sont liés à ces effets cachés des placebos.

Il n'y a qu'une seule situation où le fait que les tests à double insu restent secrets n'a pas tellement d'importance. C'est quand les résultats sont si frappants que l'influence de la suggestion positive est complètement dépassée. Par exemple, quand la pénicilline fut utilisée pour la première fois pour traiter la pneumonie, les médecins n'avaient pas besoin d'études à double insu pour dire que cela fonctionnait. Les effets étaient immédiatement évidents à cause du nombre de vies épargnées.

Si le Prozac était aussi puissant pour soigner la dépression que la pénicilline le fut pour soigner la pneumonie, nous pourrions nous passer de tous ces problèmes pointilleux concernant les expériences à double insu. Mais ce médicament échoue souvent — beaucoup plus souvent que la pénicilline n'arrive à guérir la pneumonie. Peter Breggin rapporte que dans certaines des premières recherches sur le Prozac, le médicament ne surpassait même pas le placebo. D'autres recherches montrent qu'il serait moins efficace que l'imipramine, un médicament plus ancien. Et parmi les recherches qui arrivent effectivement à des résultats favorables, on en trouve un nombre surprenant où il fallut jongler beaucoup avec les chiffres pour montrer que le Prozac comportait un véritable intérêt. Dans certaines d'entre elles, on utilisait des méthodes douteuses, par exemple en omettant des rapports sur certains patients ou en comparant les résultats du Prozac après six semaines alors qu'on recueillait les résultats du placebo après deux semaines.

En l'absence d'une évidence incontestable de l'efficacité du Prozac, nous devons prendre au sérieux l'influence de la suggestion. Par conséquent, nous ne pouvons nous fier entièrement à aucune des recherches effectuées et devons conclure que le taux précis d'efficacité du Prozac reste inconnu. Cette faille surprenante dans les rapports de recherches s'applique également à tous les autres antidépresseurs.

Zoloft et Paxil

Ces deux médicaments sont des copies conformes du Prozac, fabriquées par d'autres compagnies pharmaceutiques. Le terme copie conforme n'est pas vraiment juste parce que, même si ces médicaments fonctionnent à peu près comme le Prozac, ils s'en distinguent sur le plan chimique et produisent quelquefois des effets cliniques différents. De temps en temps, quand un membre du groupe Prozac-Zoloft-Paxil ne réussit pas, un autre y arrive.

En moyenne, aucun des médicaments de ce trio ne s'est avéré meilleur qu'un autre en ce qui concerne l'efficacité ou l'ampleur des effets secondaires. Mais *certaines* personnes s'en tirent mieux avec un qu'avec l'autre. La situation est la même que ce que l'on voit couramment dans les résultats tirés des nombreuses pilules anti-inflammatoires utilisées pour soulager la douleur. Dans l'ensemble, elles sont assez semblables, mais certaines personnes réagissent mieux à un médicament donné parmi tous ces médicaments.

Un exemple frappant de ce phénomène survint un jour dans ma pratique privée : deux patientes qui ne se connaissaient pas vinrent me voir l'une à la suite de l'autre. Toutes deux se plaignaient de douleurs à cause d'une entorse à la cheville. La première me dit qu'elle avait essayé du Naproxène sans succès, mais lorsqu'elle avait changé pour de l'ibuprofène, elle s'était immédiatement sentie mieux. L'autre patiente m'affirma exactement le contraire. Des variations individuelles de ce genre sont tout à fait normales ; et l'avantage d'avoir une variété de médicaments à notre disposition fait que si l'un provoque trop d'effets secondaires, il existe des solutions de rechange.

En général, le Paxil tend à être le moins stimulant des trois médicaments. En fait, il provoque même de la fatigue chez un grand nombre de patients qui en prennent. Cela peut faire en sorte qu'on le préférera pour les patients qui souffrent d'insomnie et d'anxiété, et qu'il sera moins utile pour ceux qui se plaignent de fatigue et d'un excès de sommeil. Le Zoloft se situe quelque part entre les deux, tandis que le Prozac est le plus dynamisant. Mais toutes ces affirmations ne sont vraies qu'en moyenne, et il existe énormément de variations individuelles.

La fréquence des maux de tête, des nausées et de la confusion semble être *grosso modo* assez semblable chez tous les utilisateurs de ces médicaments. Les patients peuvent cependant subir certains effets secondaires en réaction à un médicament et pas à l'autre. Néanmoins, quand un patient souffre d'effets secondaires sexuels à cause de l'un de ces médicaments en particulier, il en souffre souvent avec les autres aussi.

Trazodone et Serzone

Le trazodone est l'un des premiers médicaments agissant sur la sérotonine, bien qu'il ne soit pas un SSRI et n'augmente pas les niveaux de sérotonine de façon aussi marquée que le Prozac. Le pire problème avec le trazodone est qu'il provoque une forte somnolence. À cause de cet effet secondaire accablant, le trazodone est devenu plus généralement un somnifère qu'un antidépresseur. C'est l'un des médicaments le plus souvent donné en combinaison avec des antidépresseurs stimulants pour contrecarrer l'insomnie due aux médicaments.

Le Serzone est officieusement reconnu comme « le fils du trazodone » et, traditionnellement, il n'est pas considéré non plus comme un SSRI. Pour revendiquer son droit à la reconnaissance, on a fait valoir qu'à l'inverse des autres SSRI, il ne semble pas provoquer une haute incidence de dysfonction sexuelle. Dans les publicités, le fabricant clame très haut cette caractéristique, proposant le Serzone comme solution de remplacement par rapport au Prozac, à cause de ses effets secondaires moindres.

Le Serzone est toutefois loin d'avoir réussi à avoir un grand impact. Il provoque moins de somnolence que le trazodone, mais ses effets tendent toujours à en provoquer quelque peu. Comme le décrivait un patient : « Quand je prends du Serzone, je me sens comme si je nageais dans de la soupe. » Le Serzone est pratique surtout pour les patients chez qui la dépression est fortement marquée par l'anxiété et l'insomnie.

Wellbutrin

Ce médicament a failli *être* le Prozac. Il a été approuvé comme antidépresseur en 1985, deux ans avant la sortie du Prozac ; et si ce n'était des premiers rapports qui montraient une augmentation des convulsions chez les patients qui l'utilisaient, le livre de Peter Kramer se serait probablement intitulé *Listening to Wellbutrin*.

On a vu diminuer la haute incidence des convulsions rapportées durant les tests précédant la sortie du Wellbutrin. Même si l'on a fini par découvrir que le Wellbutrin était sans danger quand il était bien utilisé, sa réputation avait été ternie et sa sortie retardée. Le Prozac était déjà fermement établi comme principal antidépresseur au moment où le Wellbutrin revint sur le marché.

De nombreux médecins continuent de se méfier quand vient le temps de prescrire du Wellbutrin à cause de la crainte des convulsions. Si l'on en prend une trop forte dose à la fois, ou si le Wellbutrin est combiné avec certains autres médicaments, le risque de convulsions peut atteindre presque 4 p. 100. Le Wellbutrin est néanmoins un médicament utile quand il est soigneusement utilisé. Son grand avantage consiste dans le fait que, bien qu'il soit tout aussi dynamisant que le Prozac, il n'entraîne pas de dysfonction sexuelle. Comme le Prozac, le Wellbutrin peut provoquer de l'insomnie, de l'agitation, du désespoir et de l'anxiété, ainsi que des nausées, des maux de tête et une sécheresse buccale.

Le mécanisme d'action du Wellbutrin reste encore totalement inconnu. Ce médicament ne produit pas d'effet significatif sur la norépinéphrine ou la sérotonine et n'augmente que faiblement les niveaux de dopamine, cet acide aminé biologique, ce qui trouble la théorie des acides aminés pour expliquer la dépression. Le Wellbutrin montre bien que nous ne comprenons pas les fondements biologiques de la dépression.

Effexor

Bien que les premières réclames du Prozac aient vanté le fait que son action était spécifique, l'Effexor revient au même. Ses fabricants semblent particulièrement fiers du fait qu'il augmente tout à la fois les niveaux de norépinéphrine et de sérotonine. À la différence des antidépresseurs plus anciens, qui en font autant, l'Effexor produit habituellement un effet dynamisant.

On essaie fréquemment l'Effexor quand les SSRI échouent. Ce médicament produit en général une plus haute incidence de certains effets secondaires que le trio Prozac-Paxil-Zoloft, et particulièrement en ce qui concerne les nausées, mais il ne semble pas affecter l'orgasme comme on le rapporte souvent avec les SSRI. Par ailleurs, les effets secondaires sont assez semblables.

Les tricycliques

Avant la sortie du Prozac, le groupe de médicaments le plus largement utilisé appartenait à une catégorie connue sous le nom d'antidépresseurs tricycliques. Ce nom vient des trois structures chimiques circulaires que l'on trouve dans la molécule tricyclique. L'imipramine fut le premier antidépresseur tricyclique, et les médicaments qui suivirent, dans cette même famille, comportent tous des similitudes frappantes. Parmi les plus connus, on trouve l'Elavil (amitriptyline), le Sinequan (doxépin), et le Pamelor (nortriptyline).

Tous ces antidépresseurs ont une efficacité démontrable dans le traitement des dépressions profondes. Néanmoins, ils provoquent trop d'effets secondaires pour être utilisés dans le traitement des dépressions légères ou moyennes. Les tricycliques étaient au départ des dérivés des antihistaminiques et ils continuent de causer tous les effets secondaires classiques liés aux antihistaminiques, comme la somnolence, une vision troublée, la sécheresse buccale, la constipation, les sueurs, les palpitations cardiaques, la prise de poids, les vertiges et la rétention urinaire. Quelquefois, ces effets secondaires peuvent être encore pires avec les antidépresseurs qu'avec les antihistaminiques à cause des fortes doses nécessaires pour soulager vraiment l'état dépressif.

Récemment, on a mis au point des antihistaminiques qui comportent relativement peu d'effets secondaires, comme le Claritin. Mais les médicaments tricycliques sont plus proches des anciens antihistaminiques, comme le Benadryl, qui est vendu partout comme somnifère. Les antidépresseurs tricycliques constituent également d'excellents somnifères. (Et la plupart d'entre eux sont d'assez bons antihistaminiques, en plus!) D'autres effets secondaires courants comprennent des défaillances, des dysfonctions sexuelles et une prise de poids (quelquefois énorme). Les médicaments tricycliques peuvent également provoquer des convulsions et des blessures à la tête.

Avec de tels effets secondaires, il est difficile de croire que l'on n'est pas dépressif. La somnolence, la sécheresse buccale et la prise de poids peuvent être un prix raisonnable à payer pour soulager une dépression profonde. Cependant, pour des dépressions légères ou moyennes, les effets secondaires de ces anciens antidépresseurs sont souvent pires que la maladie elle-même — et ils sont eux-mêmes passablement déprimants.

Dans *Listening to Prozac*, Peter Kramer discute pendant plusieurs pages des raisons qui ont fait que le Prozac a pris son envol comme jamais ne l'ont fait les antidépresseurs tricycliques. Il se demande si le Prozac « touche à des sites de la dépression » que le Pamelor ne peut toucher et il émet l'hypothèse que la sérotonine serait peut être plus reliée fondamentalement à la dépression que les acides aminés touchés par les tricycliques (en premier lieu la norépinéphrine). Mais il existe une explication plus simple et qui risque de compter plus : les effets secondaires.

Le Pamelor entraîne plus d'effets secondaires que le Prozac et ceux qu'il provoque sont précisément ceux dont vous ne voulez pas si vous souffrez d'une dépression légère ou moyenne. Comme le Prozac stimule immédiatement, cela donne aux gens l'impression qu'ils sont en voie de guérison, alors que la somnolence provoquée par le Pamelor donne l'impression d'être encore plus malade. Par conséquent, les effets secondaires des tricycliques sont absolument négatifs, tout comme ce qu'ils suggèrent à l'imagination. Bref, les tricycliques ne sont pas de bons médicaments pour le traitement des dépressions légères ou moyennes.

Les IMAO

Voici la plus ancienne catégorie d'antidépresseurs, et si ce n'était des risques bien connus qu'ils entraînent, les IMAO seraient beaucoup plus largement utilisés. Les produits pharmaceutiques de cette catégorie comprennent le Marplan (isocarboxazide), le Nardil (phénelzide) et le Parnate (tranylcypromine).

Les médicaments de cette catégorie inhibent la mono-amino-oxydase, une enzyme « nettoyeuse de saletés », chargée de décomposer l'excès d'acides aminés biologiques. Quand la mono-amino-oxydase est empoisonnée, les niveaux de diverses substances chimiques commencent à augmenter dans le cerveau. Les IMAO sont parmi les plus puissants antidépresseurs connus, peut-être à cause de leur vaste champ d'action. Ils sont dynamisants et peuvent réduire considérablement les symptômes. Malheureusement, ils provoquent de nombreux effets secondaires et peuvent même provoquer la mort s'ils ne sont pas utilisés avec un soin extrême.

Le danger avec ces produits vient directement de la manière dont ils fonctionnent. Le travail de l'enzyme nettoyeuse mono-amino-oxydase consiste à contrôler les niveaux d'acides aminés biologiques. Quand une personne prend un IMAO, les niveaux d'acides aminés commencent naturellement à augmenter. Le but consiste à les faire augmenter juste assez pour aider à combattre la dépression. Il existe cependant une frontière très mince entre juste assez et un peu trop. Si les niveaux d'acides aminés biologiques dépassent un certain seuil, ceux-ci entraînent une pression sanguine extrême et peuvent provoquer le décès par hémorragie cérébrale.

La cause habituelle d'une telle catastrophe vient habituellement des acides aminés supplémentaires pris oralement. De nombreux autres produits contiennent des acides aminés, comme le Ritalin, l'éphédrine, le pseudoéphédrine (Sudafed), le phénylpropanola-mine (que l'on retrouve également dans les médicaments sans ordonnance pour combattre les rhumes et les allergies) et les médi-caments contre l'asthme. Une personne qui prend des IMAO doit à tout prix éviter ces médicaments. (Le Prozac, les antidépresseurs tri-cycliques, l'insuline, les médicaments oraux contre le diabète et l'an-tabuse peuvent également provoquer de sérieuses réactions chez quelqu'un qui prend des IMAO, mais à cause d'autres mécanismes.)

Les médicaments ne sont pas seuls en cause. Les IMAO font partie des quelques médicaments qui obligent également à sur-veiller ce que l'on mange. On trouve dans plusieurs aliments une substance appelée tyramine qui est un parent naturel des acides aminés actifs biologiquement dans le corps. Il s'agit qu'un patient prenant déjà un IMAO consomme un aliment contenant de la tyramine pour déclencher une réaction fatale. Parmi les ali-ments dangereux, on trouve le fromage, les viandes séchées, les poissons séchés, les figues en conserve, les fèves et les produits concentrés de levure, ainsi que le vermouth et certains autres vins. Les patients qui prennent des IMAO doivent considérer ces aliments courants comme des poisons mortels.

À cause de ce risque particulier et du défi alimentaire qu'ils présentent, les IMAO ne sont utilisés que très rarement de nos jours. On les essaie quand même encore quelquefois quand toutes les autres solutions ont échoué.

Au-delà des médicaments

Bien que la thérapie par les médicaments devienne rapidement le pilier des traitements classiques contre la dépression, ce n'est pas la seule approche acceptée. La médecine classique accepte encore les bienfaits de la psychothérapie, bien que ce soit à contrecœur, tout simplement parce que le traitement des désordres psychologiques ne coïncide pas très bien avec le modèle médical. Les médecins sont beaucoup plus à l'aise pour prescrire des médicaments.

Un des problèmes qui empêchent les médecins d'accepter la psychothérapie est que son efficacité est à peu près impossible à évaluer scientifiquement. Il est difficile de concevoir même des expériences à double insu. Ce que l'on a réussi à effectuer comme recherches semble néanmoins indiquer que la psychothérapie peut constituer un traitement efficace contre la dépression.

Un des grands avantages de la psychothérapie consiste dans le fait que, à la différence des médicaments, les effets positifs qui s'en dégagent «vous appartiennent». Ces bienfaits continuent longtemps après l'arrêt de la thérapie et peuvent même vous enrichir pour tout le reste de votre vie. Mais la psychothérapie est coûteuse, elle demande du temps et ne réussit pas toujours. Quand la psychothérapie ne fonctionne pas bien, ou s'il n'en est pas du tout question, alors le fait de prendre un antidépresseur peut s'avérer utile. Ainsi, en considérant tous les effets secondaires des médicaments, le millepertuis peut même devenir le meilleur choix pour les dépressions légères ou moyennes. Dans le chapitre qui suit, vous apprendrez comment traiter la dépression avec cette herbe naturelle, sûre et essentiellement exempte d'effets secondaires.

CHAPITRE CINQ

Le millepertuis : un traitement « alternatif » sûr et efficace

- · Une anecdote
- · Ce que révèlent les recherches sur l'efficacité du millepertuis
- · Les théories sur son fonctionnement
- · Ce que disent les médecins qui le prescrivent
- · Les effets secondaires

La médecine parallèle offre plusieurs traitements sans valeur et d'autres dont l'efficacité n'a jamais été prouvée. Le millepertuis n'entre pour sa part dans aucune de ces catégories. Son efficacité ainsi que ses effets secondaires sont documentés dans de nombreuses études tout aussi volumineuses, longues et rigoureuses que celles qui servent à valider le Prozac et les autres médicaments d'ordonnance. Nous en parlerons amplement dans le présent chapitre. Mais d'abord et avant tout, j'aimerais montrer, par le biais d'une anecdote, à quel point les effets du millepertuis peuvent être puissants.

Une anecdote

Françoise avait 43 ans, elle avait 3 enfants et avait souffert de dépression toute sa vie. La cause en était sans aucun doute les violences verbales et la honte qu'on lui avait fait subir tout au long de son enfance ; mais même après plusieurs années d'une bonne psychothérapie, les symptômes de sa dépression la hantaient comme une habitude qu'elle n'arrivait pas à rompre. Françoise se sentait triste, vide et fatiguée en permanence. Bien qu'elle n'ait jamais été suicidaire, elle avait l'impression de ne pas vraiment vivre. Les tensions de la vie laissaient Françoise si épuisée qu'à huit heures du soir elle n'avait déjà plus assez d'énergie pour faire quoi que ce soit d'autre que de se brosser les dents et d'aller se coucher. La plupart du temps, les fins de semaine, elle profitait de chaque occasion pour s'étendre sur un divan. «Je m'en tire et c'est tout ce que j'arrive à faire», disait-elle.

Le mari de Françoise avait été sympathique à sa cause, mais il commençait à passer de plus en plus de temps loin d'elle. Il voulait aller marcher le soir, jouer au golf les fins de semaine et voyager de temps en temps. Bien qu'il eût préféré faire tout cela avec son épouse, celle-ci était toujours trop fatiguée. Il sentait qu'il avait besoin de s'amuser même si Françoise ne pouvait en faire autant. Il se mit donc à passer de plus en plus de temps avec ses amis.

Françoise sentait qu'elle et son mari étaient en train de se perdre de vue. Sa première réaction fut de commencer par aller se coucher encore plus tôt. Ensuite quelque chose en elle s'éveilla et lui fit comprendre qu'elle devait faire quelque chose avant qu'il ne soit trop tard.

Le médecin de famille de Françoise l'avait encouragée depuis deux ans à essayer le Prozac. Le type de dépression dont elle souffrait, avec sa fatigue chronique et son sommeil excessif, semblait faire d'elle la candidate idéale pour cet antidépresseur. Françoise avait toujours soulevé des objections, car elle n'était pas en faveur des pilules. Pourtant, elle se sentait maintenant prête à essayer n'importe quoi. Avec un soupir de satisfaction, le médecin lui prescrivit une dose simple de 20 milligrammes de Prozac par jour.

Malheureusement, les choses ne se présentèrent pas bien. Dès la toute première dose, Françoise ressentit des effets secondaires désagréables. Son sommeil, qui ne lui procurait jamais de repos, devint entrecoupé et tourmenté par des cauchemars. Durant le jour elle se sentait inquiète et crispée. Elle sursautait violemment dès que son mari entrait dans une pièce sans s'annoncer ou que sa fille de sept ans poussait un cri en jouant, et son cœur se mettait à battre à vive allure et à palpiter.

Françoise se sentait néanmoins beaucoup plus dynamique, et elle commença à sortir plus souvent avec son mari. Ils firent un voyage pour rendre visite à des parents au Minnesota, et une fois ou deux ils jouèrent ensemble au golf durant les fins de semaine. Pendant un certain laps de temps, elle devint optimiste, voyant qu'ils reprenaient leurs relations intimes, jusqu'à ce que, graduellement, se développent des effets secondaires sur le plan sexuel qui devinrent un nouvel obstacle. D'abord elle avait de la difficulté à atteindre l'orgasme, ensuite cela lui devint impossible et finalement tout désir disparut en elle. Françoise décrivait ainsi cette expérience : « Vous pourriez croire que je suis faite en bois en voyant la manière dont mon corps réagit. Je ne ressens rien. La sexualité n'est plus qu'un souvenir pour moi. »

Le médecin de Françoise, compréhensif, lui fit prendre toute une série d'autres médicaments. Les résultats, malheureusement, ne furent vraiment pas impressionnants. Le Paxil lui donnait des maux de tête et la rendait encore plus fatiguée qu'avant, le Zoloft lui donnait exactement les mêmes effets secondaires que le Prozac, l'Effexor donnait à Françoise « l'envie de vomir jour et nuit », et elle disait du Serzone qu'il la mettait dans un état de transe si profond qu'elle ne savais pas si elle était à un endroit ou ailleurs.

Chaque fois qu'elle arrêtait de prendre un médicament, Françoise revenait à son ancienne dépression et à son intolérable habitude de toujours s'endormir. Elle se sentait coincée. Elle ne pouvait accepter ni son ancienne dépression ni les effets secondaires provoqués par les médicaments. C'est dans cet état de frustration qu'elle décida de venir me voir.

« Je doute qu'il existe quelque chose qui puisse m'aider sans m'empoisonner, me dit-elle, mais si cela existe, je veux l'essayer. »

Je commençai par donner à Françoise une dose standard de millepertuis, dont je parlerai en détail plus loin, et je lui demandai de revenir me voir une fois par semaine pour me dire comment elle se portait. À strictement parler, des rendez-vous aussi fréquents ne sont pas nécessaires, mais je craignais qu'elle n'abandonne l'herbe si je ne l'encourageais pas à continuer. Je savais qu'elle avait l'habitude de ressentir des effets secondaires et je me disais qu'elle pourrait mal interpréter la douceur du mille-pertuis en croyant que l'herbe ne lui faisait pas d'effet.

Cette crainte s'avéra justifiée quand elle revint me voir pour sa première visite de suivi. « Cela ne donne rien, dit-elle. Je reviens à mon ancienne situation de pauvre moi-même. » Quand je lui demandai si elle avait ressenti des effets secondaires, elle répondit : « Non, rien, pas le moindre. Je crois qu'il n'y a rien dans ces capsules. »

Je l'encourageai à être patiente. « Vous vouliez un traitement qui ne cause pas d'effets secondaires, lui rappelai-je. Maintenant que vous en avez trouvé un, n'abandonnez pas avant de lui laisser le temps de faire effet. Souvenez-vous, je vous ai dit que vous devriez attendre de quatre à huit semaines. »

Le fait que je la rassure l'encouragea à continuer encore deux semaines, mais au début de la quatrième semaine, elle était prête à abandonner. « Je crois que je vais devoir revenir aux médicaments », dit-elle.

Il fallut tout mon pouvoir de persuasion pour qu'elle continue. « J'ai l'impression de remarquer déjà une différence chez vous », lui dis-je bien sincèrement. « Vous ne semblez plus aussi déprimée. Je pense que vous n'arrivez tout simplement pas à vous en apercevoir parce que vous avez trop l'habitude d'associer les effets secondaires avec le fait de vous sentir mieux. »

Quelque chose dans ses yeux me paraissait différent, mais il fallut attendre la sixième semaine avant qu'elle ne remarque elle-même un changement. « Je me suis soudain rendu compte l'autre jour que je ne me sentais plus aussi vide », dit-elle. Je remarquai qu'elle avait l'air passablement plus lumineuse et je le lui dis.

Vers la huitième semaine, il devint évident que le millepertuis agissait. « Je me sens comme un être humain quand je me lève le matin », dit Françoise, souriante. « J'ai assez d'énergie pour me réjouir. Je ne fais pas seulement survivre ; j'ai l'impression de commencer à vraiment vivre. »

Mais elle fut étonnée de voir à quel point cela était survenu graduellement. «Pendant une très longue période, je ne pouvais rien dire du tout. Mais maintenant que j'y repense, je dirais que de prendre du millepertuis, c'est comme de remplir un lac goutte à goutte. Sans que je m'en sois vraiment rendu compte, mon sentiment de vide et de désespoir a graduellement fait place à un sentiment de calme tranquille.»

Françoise était impressionnée par la différence entre le millepertuis et les traitement médicamenteux. «Avec le Prozac, c'était comme si j'avais reçu en plein visage une décharge de lance-flammes, dit-elle. Ça marchait, mais c'était violent et désagréable. Et les autres médicaments étaient tout aussi mauvais à leur façon.»

Avec le millepertuis, Françoise découvrit une nouvelle manière d'affronter le stress. «Je n'arrive pas à croire à quel point je me sens calme. C'est comme si j'avais en moi un réservoir, où je peux puiser quand j'en ai besoin. Avant, je grattais le fond du baril pour y trouver quelque chose qui n'était pas là.»

L'histoire de Françoise est assez représentative de ceux à qui le millepertuis a réussi, et je la raconte ici pour donner une idée de ce que l'herbe peut faire. Toutefois, une anecdote ne prouve rien et l'histoire de la médecine est remplie de témoignages démontrant l'efficacité de «cures» qui ne fonctionnent pas réellement. Pour prouver qu'un traitement est efficace, il faut absolument des recherches. À cet égard, il est évident que le millepertuis fait partie des traitements les plus puissants de toute la médecine parallèle.

Ce que révèlent les recherches sur l'efficacité du millepertuis

Selon un rapport de l'édition du mois d'août 1996 du *British Medical Journal,* on avait déjà réalisé à ce moment-là 23 essais cliniques à double insu et en double aveugle sur les effets du millepertuis pour le traitement de la dépression[2]. Le nombre total de patients engagés dans ces recherches atteignait 1 757 personnes, ce qui est fort respectable et représente un cas exceptionnel pour un traitement traditionnel à base d'herbe. Il est assez courant de rassembler un échantillonnage de 1 000 ou 2 000 participants pour des essais de validation de médicaments[3]. Ainsi, le millepertuis a gagné le droit d'être pris au sérieux.

Certaines de ces études comparaient le millepertuis avec un placebo, alors que d'autres comparaient le millepertuis avec un antidépresseur pharmaceutique. Dans ce chapitre, nous abordons les comparaisons entre le millepertuis et les placebos, laissant les comparaisons herbe-médicament pour le chapitre 7.

L'une des études qui impressionne le plus les médecins date de 1993 et fut réalisée par le médecin allemand K. D. Hansgen et ses collègues qui comparèrent le millepertuis à des placebos durant quatre semaines[4]. Dans cette étude, 72 patients venus de différents cabinets de médecins avaient été choisis à partir des critères standard de la dépression majeure, le *DSM* (*Diagnostic Statistical Manual of Mental Disorders*). Dans sa forme, l'étude suivait le même programme que les recherches effectuées pour valider les antidépresseurs pharmaceutiques.

Afin de quantifier l'ampleur de l'amélioration produite par le millepertuis, Hansgen utilisa l'échelle d'évaluation systématique de la dépression, le test HAM-D. Vous avez sans doute retenu de mes explications que le HAM-D combine les observations des médecins et les réponses des patients pour arriver à un chiffre qui représente la gravité de la dépression. Les chiffres les plus élevés indiquent une dépression profonde et les chiffres les plus bas, une dépression plus légère.

Au début de cette recherche, on faisait passer aux patients le test HAM-D pour déterminer le niveau de départ de leur dépression. Ensuite, la moitié des participants recevaient une dose standard de millepertuis et l'autre moitié, un placebo. À la deuxième et à la quatrième semaine, les patients étaient interrogés à nouveau et leurs résultats, encore une fois compilés.

Les patients qui prenaient du millepertuis montraient une remarquable amélioration. Les résultats de leur HAM-D passaient d'une moyenne de 21,8 points avant le traitement à 9,2 points après quatre semaines de traitement. Cette chute de près de 60 p. 100 se compare assez favorablement à ce qu'il est courant de voir avec les antidépresseurs chimiques.

Comme cela arrive toujours (bien que cela ne laisse jamais de surprendre), l'état des patients qui prenaient un placebo s'améliora également. Toutefois, leurs moyennes au HAM-D ne chutèrent que d'environ 30 p. 100, partant d'une moyenne initiale de 20,4 pour passer à 14,7. Statistiquement, cette différence dans les résultats était très significative.

Il existe un autre moyen d'analyser ces données : 81 p. 100 des patients prenant du millepertuis améliorèrent leur condition de façon significative (leurs résultats avaient baissé de plus de 50 p. 100), alors que seulement 26 p. 100 du groupe prenant un placebo avaient réagi. Encore une fois, cela constituait un résultat statistique concluant.

Trois des patients prenant des placebos abandonnèrent la recherche parce que leurs symptômes de dépression devenaient trop graves pour qu'ils puissent continuer. Rien de tel ne se produisit dans le groupe du millepertuis.

Les psychiatres engagés dans la recherche utilisèrent également deux autres méthodes pour mesurer les niveaux de dépression afin de confirmer les résultats HAM-D, et ces mesures donnèrent substantiellement les mêmes résultats. Par-dessus tout, la différence dans les résultats entre les patients sur placebos et ceux sur millepertuis excédaient suffisamment les exigences statistiques habituelles pour tirer des conclusions.

Au cours de cette recherche, seul un patient prenant du millepertuis rapporta avoir un effet secondaire (des problèmes de sommeil), alors que deux patients sur placebos déclarèrent avoir développé des irritations à l'estomac.

La qualité scientifique de cette recherche était aussi valable que toutes celles qui visent à prouver l'efficacité d'un traitement médicamenteux contre la dépression. Ses méthodes d'échantillonnage suivaient les lignes directrices habituellement en vigueur, on utilisa des techniques d'analyse statistique mathématiquement acceptables, on comptabilisa les démissions, on rapporta les réactions défavorables et on maintint la méthode de double insu tout au long de l'enquête.

Sur un plan au moins, cette étude était même supérieure aux essais qu'on fait habituellement pour comparer les antidépresseurs et les placebos : il s'agissait d'un véritable test à double insu. Les médicaments provoquent des effets secondaires et, comme je le mentionnais dans le chapitre précédent, ces effets permettent aux patients de distinguer le médicament du placebo, même quand ils ont exactement la même apparence. Ainsi, l'influence du pouvoir de suggestion ne peut être exclue. Cela rend quelque peu suspecte la légitimité de toutes les recherches à double insu pour les médications d'antidépresseurs traditionnels. Aucun problème de cet ordre ne survient avec le millepertuis qui est, à toutes fins pratiques, exempt d'effets secondaires.

Même si cette étude aux multiples sources constitue un cas convaincant pour le millepertuis, un total de 72 patients (moins ceux qui ont démissionné) ne suffit pas en soi à établir l'efficacité d'un traitement. Par conséquent, on ajouta 36 autres patients à l'expérience en 1996, et on reprit la même méthodologie de recherche[5]. Les résultats suivirent exactement le même modèle que précédemment.

La recherche Hansgen suivait des patients dont la dépression était modérément grave. Dans une étude à part, l'efficacité du millepertuis fut évaluée chez des patients dont la dépression était légère (avec une moyenne HAM-D d'environ 16 points). Les 105 participants provenaient de trois cabinets de médecins différents et suivirent le processus pendant quatre semaines[6]. À la fin de l'étude, 67 p. 100 des patients prenant du millepertuis montraient des résultats satisfaisants face au traitement (plus de 50 p. 100 de réduction dans leurs résultats HAM-D), pour seulement 28 p. 100 de ces patients sur les placebos. On remarqua de grandes améliorations sur le plan des humeurs, de l'anxiété et de l'insomnie.

Une des plus longues études effectuées sur le millepertuis fut réalisée en 1991. On suivit 50 patients pendant 8 semaines et, une fois de plus, l'herbe s'avéra nettement plus efficace que le placebo[7]. Puis une nouvelle étude multidisciplinaire, exécutée en 1991, montra des résultats positifs chez 116 patients suivis pendants 6 semaines[8]. Cette étude souffre toutefois d'une lacune significative : le millepertuis fut administré sous forme de gouttes, faisant en sorte qu'il était facile de distinguer son goût par rapport au placebo.

En 1995, E. Ernst publia un rapport reconnu dans la documentation scientifique, classant les expériences basées sur des critères standards de la science et éliminant ceux qui souffraient de graves lacunes[9]. En dehors de l'ensemble combiné de tous les participants, qui totalisaient 1 757 personnes dans ces études à double insu et en double aveugle réalisées pour comparer le millepertuis au placebo, Ernst réduisit le champ à 902 patients qui étaient inscrits dans des expériences du plus haut calibre. Les résultats cumulatifs de ces expériences triées sur le volet furent impressionnants. Ernst rapporta que « prises ensemble, ces données sont captivantes sur le plan scientifique et laissent peu de doutes quant à l'efficacité du *Hypericum* [millepertuis] dans le traitement des symptômes de la dépression ».

Malgré l'évidence qui ressort de cette recherche sérieuse, les médecins aux États-Unis et en Angleterre continuent d'avoir de la difficulté à accepter la légitimité d'un traitement aux herbes comme le millepertuis. Il est presque amusant de voir ce préjugé transparaître dans les commentaires qui paraissent dans diverses publications. Le rapport favorable sur le millepertuis publié dans l'édition du mois d'août 1996 du *British Medical Journal* déclencha une réaction négative dans le même numéro[10,11]. Bien que les auteurs de l'article, eux-mêmes médecins, aient reconnu à contrecœur que les études publiées étaient « prometteuses », ils consacrèrent le gros de leur article à reprocher à la recherche sur le millepertuis de n'être pas suffisamment scientifique.

« Aucune n'a duré plus de six semaines », font-ils remarquer, ce qui est une période trop courte « pour évaluer les risques de rechute et la possibilité d'effets secondaires tardifs. » Les études « manquent de précision dans leur diagnostic » parce que certaines d'entre elles ne classent pas assez rigoureusement le type de dépression sous observation. Et « les observateurs dans ces essais aux multiples sources » n'ont pas nécessairement reçu la formation adéquate pour s'assurer que les résultats soient semblables aux évaluations du HAM-D.

Tous ces arguments sont valides. *Toutefois, chacune de ces critiques, et d'autres encore, s'appliquent également aux recherches effectuées sur le Prozac.* Par exemple, dans le rapport 1997 du *Physicians' Desk Reference*, le fabricant du Prozac affirme que «l'efficacité du Prozac, en cas d'usage prolongé, c'est-à-dire pendant plus de 5 ou 6 semaines, n'a pas été systématiquement évalué lors de tests de vérification[12].» Pourquoi le millepertuis serait-il forcé d'adhérer à des standards plus élevés que ce qui est exigé pour des médicaments?

Que ce soit conscient ou inconscient, les critiques comme celles qui sont soulevées dans l'article du *BMJ* sont fortement influencées par le préjugé des médecins contre les traitements herboristes. Nous présenterons une analyse des causes de ce préjugé au chapitre 9. Il suffit de dire pour l'instant que si le millepertuis était un médicament, il ne fait aucun doute qu'on aurait déjà approuvé son utilisation en Angleterre et aux États-Unis.

Comment fonctionne le millepertuis?

Comme nous l'avons expliqué au chapitre 4, la science ne comprend pas réellement comment les antidépresseurs pharmaceutiques produisent leurs effets. La théorie qui prévaut consiste à dire que la dépression est causée par de faibles niveaux d'acides aminés biologiques (comme la sérotonine et la norépinéphrine) et que les antidépresseurs fonctionnent en augmentant ces niveaux. Il y a néanmoins de nombreux problèmes avec cette « théorie des acides aminés », dont l'un des plus graves tient au fait que certains antidépresseurs fonctionnent parfaitement bien sans changer vraiment le niveau d'aucun des acides aminés biologiques.

La théorie des acides aminés pourrait n'être qu'une partie de l'explication. Mais c'est la seule explication que nous ayons jusqu'ici. Pour cette raison, les chercheurs se sont demandé si, pour sa part, le millepertuis changeait lui aussi les niveaux d'acides aminés. Les résultats restent peu concluants.

Les premières recherches semblaient indiquer que des extraits de millepertuis inhibaient l'enzyme mono-amino-oxydase[13].

Cette indication plaçait l'herbe dans la catégorie des antidépresseurs IMAO et donna naissance à toute une série de mises en garde contre certains aliments qu'il ne fallait pas manger si l'on prenait de l'herbe (voir la section « Mises en garde » dans le chapitre suivant). Ces études portaient cependant sur des extraits de millepertuis appliqués directement dans des éprouvettes. Plus tard, les investigations montrèrent que les dosages de millepertuis pris oralement, comme c'est le cas en pratique, étaient probablement beaucoup trop faibles pour inhiber la mono-amino-oxydase[14]. Vraisemblablement, l'inhibition de la mono-amino-oxydase n'arrive pas à expliquer l'efficacité du millepertuis pour traiter la dépression.

Des études plus récentes suggèrent que le millepertuis pourrait en réalité fonctionner en inhibant le recaptage de sérotonine. Lors d'une de ces études, les chercheurs ont voulu vérifier cette hypothèse en ajoutant du millepertuis dans des tubes remplis de cellules nerveuses primaires et ont remarqué que les récepteurs de sérotonine semblaient avoir été supprimés[15]. Ils émirent donc l'hypothèse que l'herbe pourrait fonctionner en affaiblissant le recaptage de sérotonine dans les cellules.

Dans cette étude hautement théorique, on n'a pas cherché à savoir si des dosages normaux de millepertuis pouvaient augmenter les niveaux de sérotonine. Une autre étude tenta de répondre à cette question pratique en observant des cerveaux de rats et de souris qui recevaient des extraits de millepertuis[16]. Les niveaux de sérotonine et de dopamine augmentèrent effectivement beaucoup chez les animaux traités. Néanmoins, cette expérience donna lieu à une découverte surprenante : une préparation de millepertuis d'où l'on avait retiré l'hypéricine, cet ingrédient présumément actif dans le millepertuis, provoquait le même effet.

Ainsi, la seule conclusion sûre est que nous ne savons vraiment pas comment le millepertuis fonctionne pour traiter la dépression. Toutefois, cela ne fait que mettre le millepertuis dans le joyeux groupe des autres antidépresseurs, dont le mode de fonctionnement reste tout aussi confus.

Ce que disent les médecins qui le prescrivent

Malgré le préjugé qui pèse aux États-Unis contre les traitements herboristes, un nombre croissant de médecins américains ont commencé à essayer le millepertuis depuis quelques années. Leurs impressions en clinique confirment les résultats des documents publiés à ce sujet et dressent le portrait d'un traitement qui est grandement efficace dans la vraie vie.

Un de ces médecins s'appelle Scott Shannon, il est psychiatre à Fort Collins, au Colorado. Le docteur Shannon étudia avec le docteur Andrew Weil et consacra une grande partie de sa vie professionnelle à chercher des solutions de rechange pour les maladies qui affectent les émotions. Dans l'esprit de Shannon, le millepertuis est souvent efficace pour les dépressions légères ou moyennes. « Cela améliore les humeurs et augmente l'énergie, sans provoquer d'effets secondaires, dit-il. Les patients me disent qu'ils se sentent plus vifs, moins fatigués et plus à même de faire face aux événements. »

Il raconte l'histoire de Carole, une patiente au milieu de la cinquantaine, accablée par de multiples responsabilités. « Elle en avait beaucoup sur les épaules, dit Shannon. De jeunes enfants, des parents âgés, des tensions professionnelles — tout cela était un peu trop pour elle. Elle se sentait tout le temps déprimée et anxieuse. »

Carole essaya le Paxil, et même si cela lui faisait du bien, elle ne pouvait tolérer les effets secondaires d'ordre sexuel. Shannon lui fit prendre du millepertuis à la place et elle réagit en moins de quelques semaines. « Elle commença à se réveiller avec une impression de vivacité qu'elle n'avait pas ressentie depuis longtemps, explique-t-il. Pendant la journée, elle se sentait moins maussade et avait plus d'énergie. Elle faisait également face au stress plus facilement. »

De plus, tous ces avantages se produisaient sans effets secondaires. « Elle tolérait le millepertuis sans aucun problème, dit Shannon. Avec le millepertuis, je vois rarement d'effets secondaires autres que, à l'occasion, des irritations de l'estomac. »

Mes propres patients, en plus de me dire qu'ils se sentent plus d'énergie et qu'ils sont de meilleure humeur après avoir commencé à prendre du millepertuis, me racontent quelquefois qu'ils ont retrouvé l'appétit, qu'ils dorment mieux, qu'ils sont moins anxieux, qu'ils ont moins de douleurs chroniques et qu'ils ont plus confiance en eux. « Quand vous vous sentez mieux en général, dit Shannon, c'est normal que les autres symptômes s'atténuent. »

Comme d'autres cliniciens utilisant le millepertuis, Shannon a l'impression que l'herbe est plus appropriée pour les dépressions légères et moyennes. « D'abord et avant tout, le millepertuis améliore l'humeur et dynamise la personne, dit-il. C'est souvent mon premier choix pour la dysthymie parce que cela fonctionne bien et sans effets secondaires. Ce n'est toutefois pas approprié pour les dépressions profondes, surtout s'il y a risque de suicide, prévient-il. Le traitement médicamenteux est plus indiqué pour les dépressions profondes. Les médicaments sont également plus appropriés pour les gens qui ont eu un traumatisme grave et complexe, ou quand il y a des signes végétatifs. »

Les signes végétatifs sont des symptômes physiques qui accompagnent souvent une dépression majeure, comme le ralentissement du langage et des mouvements. Ces symptômes indiquent généralement une forme plus sévère de la dépression, peut-être trop sévère pour le millepertuis.

Les médicaments sont-ils toujours plus puissants que le millepertuis ? « Habituellement oui, bien qu'ils provoquent également plus d'effets secondaires », répond Shannon. Mais il peut y avoir des surprises. Jacqueline Fields, médecin de famille à Loveland, au Colorado, raconte l'histoire d'un patient âgé, dans une maison d'accueil, qui se portait mieux avec le millepertuis qu'avec une médication d'antidépresseurs chimiques.

« Georges était trop déprimé pour bien manger ou pour parler aux autres patients, dit-elle. Il passait son temps à dormir, étendu sur son lit. Nous lui avons donné du Zoloft, mais cela ne semblait lui faire aucun bien. Or, quand nous avons commencé à lui donner du millepertuis, les résultats furent assez impressionnants. Il sortit du lit, mangea mieux et se mit même à parler avec les autres résidents. »

Une de mes patientes relata une expérience similaire. « Le Prozac ne me faisait rien, même après que j'en eus pris de doubles

doses pendant trois mois, dit-elle. Je prends désormais du millepertuis et je vois beaucoup plus de changements. J'ai plus d'énergie, je dors mieux, je m'en fais moins et la vie me paraît immensément plus intéressante. »

La plupart des cliniciens que j'ai interviewés ont cependant
l'impression que le millepertuis n'est en général pas aussi puissant que les traitements médicamenteux. Or, son profil, quant
aux effets secondaires, est tellement supérieur que pour la plupart des cas de dépression légère ou moyenne, l'herbe est probablement une meilleure solution.

Les effets secondaires du millepertuis

Tout médicament et tout supplément alimentaire peut provoquer des effets secondaires chez certaines personnes. En réalité,
les aliments eux-mêmes peuvent être problématiques. Le lait peut
provoquer des boursouflures et de la diarrhée, les concombres
peuvent faire roter, les oignons peuvent déclencher des brûlures
d'estomac, les fèves donnent habituellement des flatulences, les
crevettes peuvent provoquer de grosses allergies et le pain peut
donner lieu à un trouble digestif appelé maladie cœliaque, pour
ne nommer que quelques-unes des complications liées à l'alimentation. Toutefois, le millepertuis est sûr et relativement sans effets
secondaires.

Au cours de la vaste expérience menée en Allemagne sur le
millepertuis comme traitement de la dépression, il n'y eut aucun
rapport publié pour évoquer la menace sérieuse de conséquences
nuisibles[17]. Même les effets secondaires mineurs sont rares. Dans
une étude effectuée sur 3 250 patients ayant pris de l'extrait de
millepertuis pendant quatre semaines, l'effet secondaire le plus
courant fut un léger inconfort à l'estomac et seuls 0,6 p. 100 des
patients prenant l'herbe s'en plaignirent[18]. On remarqua des
réactions allergiques comme des éruptions cutanées et une sensation de picotement dans 0,5 p. 100 des cas, de la fatigue dans
0,4 p. 100 des cas et de l'agitation dans 0,3 p. 100 des cas. D'autres effets secondaires survinrent à des taux encore plus bas. Seuls

1,5 p. 100 des patients abandonnèrent la recherche parce qu'ils ressentaient des effets secondaires, et le pourcentage total des patients rapportant des effets secondaires était de 2,4 p. 100.

Parmi environ 1 200 patients observés lors d'expériences comparant le millepertuis avec un placebo, on nota une incidence générale des effets secondaires de 4,1 p. 100[19]. (Dans le résumé du rapport général du *British Medical Journal,* on rapporte un taux d'effets secondaires de 19,8 p. 100, ce qui est un chiffre gonflé artificiellement, comme nous l'expliquons en annexe[20].)

Ainsi, un total de 4 450 patients prenant du millepertuis ont été sélectionnés pour observer ses effets secondaires. Ce nombre correspond d'assez près aux 4 000 patients prenant du Prozac retenus dans les recherches précédant la sortie du produit (selon le PDR de 1997)[21].

En rassemblant toutes les recherches, on s'aperçoit que le millepertuis est à la fois sûr et efficace, selon un niveau d'évaluation scientifique qui correspond à ce qui est habituellement en vigueur avec les médicaments. L'herbe peut ainsi être considérée comme une solution de rechange réaliste pour les dépressions légères ou moyennes, par rapport aux antidépresseurs de prescription.

CHAPITRE SIX

Comment prendre le millepertuis

- · Qu'est-ce qu'un extrait standardisé ?
- · Sous quelle forme se présente le millepertuis et quels sont les dosages appropriés ?
- · Combien cela coûte-t-il et où s'en procurer ?
- · Mises en garde : la réalité et la théorie
- · Qu'attendre d'un traitement ?
- · Portrait général

Maintenant que vous connaissez les avantages du millepertuis, vous êtes probablement prêts à savoir comment en prendre. Toutefois, le sujet est légèrement plus complexe qu'il n'y paraît à première vue, car le millepertuis est une herbe et non un médicament ; il me faut donc expliquer certaines données au sujet de sa standardisation avant de vraiment parler des dosages appropriés.

En général, quand vous achetez un médicament, vous savez exactement ce que vous obtenez. Les médicaments sont des produits chimiques isolés que l'on peut mesurer et quantifier en les ramenant à leur structure moléculaire. Ainsi, une capsule de Tylenol extra-forte contient 500 milligrammes d'acétaminophène, peu importe où et quand vous l'achetez.

Les herbes sont cependant des organismes vivants constitués de milliers d'ingrédients, et entre une plante et une autre, ces ingrédients peuvent être présents dans des proportions totalement différentes. De nombreuses influences peuvent affecter la nature d'une récolte donnée. La plante a-t-elle poussé au sommet d'une colline ou dans une vallée, comment était le climat, quand a-t-elle été cueillie, quelles plantes poussaient aux alentours et quel type de sol prédominait, voilà seulement quelques-uns des facteurs qui peuvent affecter la constitution chimique d'une plante.

C'est là une des grandes raisons qui font que les médecins préfèrent les médicaments à toutes les herbes. La médecine classique tente de fonctionner avec des méthodes uniformisées, reproductibles, mais avec les herbes il est difficile de savoir exactement ce que vous avez entre les mains.

Pour contourner ce problème, les herboristes d'aujourd'hui utilisent souvent ce qui est connu sous le nom d'« extrait standardisé ». C'est là une forme concentrée de plante, « condensée » jusqu'à ce que l'on atteigne un certain pourcentage prévu de l'un ou de plusieurs des ingrédients. Pour le millepertuis, les biochimistes arrivent délibérément à une proportion établie d'hypéricine, la substance que l'on croit responsable des propriétés antidépressives de la plante. Les préparations typiques vendues aux États-Unis contiennent normalement 0,3 p. 100 d'hypéricine par mesure. Une telle standardisation permet un degré raisonnable de reproductibilité d'un lot à l'autre.

Il est toutefois important de noter que le reste des ingrédients contenus dans la plante sont encore présents dans un extrait standardisé. Pour transformer le millepertuis en médicament, il suffirait d'isoler chimiquement la molécule d'hypéricine et de vendre un comprimé qui contiendrait 100 p. 100 d'hypéricine. Les médecins seraient beaucoup plus à l'aise avec une telle forme de millepertuis. Ils pourraient alors le considérer comme un traitement qu'il est tout à fait possible de reproduire et ils s'en serviraient comme ils se servent des autres médicaments.

Mais l'extrait pur d'hypéricine ne serait plus une herbe. Il serait alors tout à fait semblable aux autres médicaments manufacturés à partir des plantes. Un extrait standardisé retient des milliers de constituantes présentes naturellement dans l'herbe et

mérite donc encore raisonnablement d'être désigné comme
«naturel». Pour une bonne analogie, pensons à la différence
entre la mélasse et le sucre blanc. Les deux sont fabriqués à partir
de la canne à sucre, mais la mélasse est un extrait concentré, bon
pour la santé, alors que le sucre blanc n'est qu'un produit chimique. Un extrait standardisé de millepertuis est comme une forme
de mélasse soigneusement préparée, alors qu'un extrait d'hypéricine pur serait comparable au sucre blanc.

Il y a deux avantages à utiliser un extrait standardisé au lieu
d'un médicament totalement purifié. Le premier, c'est qu'il n'est
pas évident que l'hypéricine soit la seule substance active dans le
millepertuis, ni même la plus importante. Vraisemblablement,
c'est la combinaison de plusieurs ingrédients qui est responsable
des propriétés antidépressives de cette plante.

Le second avantage est que — selon bien des gens — les substances naturelles sont plus saines que les composés chimiques.
Cela est difficile à prouver mais plusieurs d'entre nous préférons
quand même utiliser, quand cela est possible, des produits naturels au lieu de concentrés chimiques — nous aborderons ce sujet
plus longuement au cours de ce chapitre.

Il existe par ailleurs un ennui majeur à utiliser des extraits standardisés : la standardisation n'est jamais parfaite. Alors que deux
lots d'extrait d'hypéricine à 0,3 p. 100 contiendront des quantités
à peu près identiques d'hypéricine, ces deux lots peuvent différer
grandement quant aux niveaux des autres constituantes importantes. Ainsi, les médecins qui recherchent la reproductibilité ont
là aussi un souci légitime. L'extrait standardisé constitue un compromis entre la recherche de la précision dans les quantités et une
symbiose avec la nature ; et comme tous les compromis, il ne
satisfait parfaitement aucune des positions extrêmes.

Les dosages

Maintenant que j'ai expliqué les complexités des formulations
et de l'usage des extraits standardisés, je peux maintenant
décrire les doses de millepertuis recommandées pour un adulte.

Trois cents milligrammes 3 fois par jour d'un extrait standardisé contiennent 0,3 p. 100 d'hypéricine. Dans d'autres cas, certains médecins préfèrent prescrire 600 milligrammes le matin et 300 milligrammes le midi. À cause des problèmes occasionnels d'irritation de l'estomac, il vaut mieux prendre le millepertuis aux repas.

Certaines préparations de millepertuis affichent une concentration de 0,15 p. 100 d'hypéricine ; elles devraient donc être prises en doubles doses par rapport à celles décrites précédemment. D'autres versions disponibles sur le marché, et particulièrement les teintures, n'affichent pas du tout de pourcentage d'hypéricine. Ces produits sont peut-être efficaces, mais en général on les privilégie moins à cause du problème de variabilité d'un lot à l'autre et du fait que leur force n'est pas connue. Enfin, plusieurs préparations commerciales combinent le millepertuis avec d'autres substances naturelles que l'on croit efficaces contre la dépression, et dont nous discuterons plus loin au chapitre 9. Bien qu'il n'y ait rien de nécessairement mauvais dans une telle approche, je préfère généralement des traitements plus ciblés aux méthodes mixtes, car on ne sait pas du tout ce qui fonctionne quand on prend une pilule qui contient neuf ingrédients. De plus, les traitements mixtes contiennent souvent moins de chacune des substances individuelles que les doses optimales suggérées.

Nous parlerons plus loin dans ce chapitre des dosages pour enfants.

Combien cela coûte-t-il et où s'en procurer ?

Le millepertuis est largement disponible dans les magasins d'aliments naturels et de santé, par la poste et dans certaines pharmacies. Selon la forme que vous achetez, une dose typique coûte en général entre 15 $ et 25 $ par mois. Je recommande cependant de vous en tenir à des marques reconnues.

Même avec des marques réputées, il est toutefois difficile d'être sûr que vous avez en main un produit de qualité. Aux États-Unis, la FDA (*Food and Drugs Administration*) examine de près les médicaments, mais les herbes sont vendues comme suppléments alimentaires et par conséquent reçoivent une attention moins soutenue*. Les consommateurs ont probablement raison de se demander si les étiquettes des produits correspondent vraiment aux ingrédients qu'on y trouve.

L'industrie américaine des suppléments répugne à être réglementée par la FDA parce qu'elle croit que les organismes gouvernementaux ont des préjugés en faveur des compagnies pharmaceutiques. Cette accusation n'est probablement pas sans fondements; pourtant, l'industrie n'a pas encore pris de mesures sérieuses pour adopter ses propres règlements visant à remplacer ceux du gouvernement, ce qui laisse les consommateurs dans le doute.

Certains manufacturiers de suppléments montrent, preuves à l'appui, qu'ils font appel à des laboratoires indépendants pour faire vérifier de façon impartiale l'authenticité de ce qu'ils déclarent. Mais comme c'est le fabricant qui choisit le laboratoire, envoie les échantillons et rapporte les résultats, il n'est pas toujours évident que l'on peut faire totalement confiance à l'«impartialité» d'une telle vérification. Néanmoins, d'ici à ce qu'il existe une organisation vraiment neutre pour évaluer la précision des étiquettes apposées sur les suppléments alimentaires, les analyses des laboratoires qui ont été choisis par les fabricants restent la meilleure façon d'avoir accès à ces renseignements.

Par conséquent, je recommande d'exiger des données de vérification publiées autrement que par le manufacturier pour en savoir plus sur la marque de millepertuis que vous achetez. Une autre option consiste simplement à essayer une marque de millepertuis et, si cela ne fonctionne pas, à en essayer une autre.

---

* Au Canada, les médicaments sont réglementés par Santé Canada et les aliments, par l'Agence canadienne de l'inspection des aliments (ACIA). Quant aux produits d'herboristerie qui ont une allégation thérapeutique, ils sont considérés comme des drogues et doivent être vendus avec un DIN (Drug Identification Number), ce numéro étant obtenu si le produit correspond à des critères rigoureux. À ce sujet, la réglementation canadienne semble plus sévère que la réglementation américaine, mais il reste vrai qu'au Canada aussi, le marché de l'herboristerie est quelque peu anarchique. (N.d.T.)

Mises en garde — la réalité et la théorie

Pris dans des dosages standard, le millepertuis est parfaitement inoffensif. Après des années d'utilisation en Allemagne, il n'existe aucun cas répertorié de toxicité ou d'interactions dangereuses avec des médicaments[22]. Mais de nombreux livres et articles sur le millepertuis mentionnent néanmoins la réelle possibilité de deux problèmes sérieux : la photosensibilisation et l'inhibition de la mono-amino-oxydase, agissant comme des réactions aux aliments. Ce sont là des menaces hautement théoriques, qui n'ont à peu près jamais été observées en pratique ; mais comme on en parle abondamment et que certaines personnes ont évité de prendre du millepertuis pour cette raison, je vais aborder le sujet.

La photosensibilisation

Certains médicaments augmentent énormément les dangers de coups de soleil. Les patients qui prennent des sulfa antibiotiques, de la tétracycline, divers diurétiques et même des antidépresseurs tricycliques peuvent quelquefois avoir de grosses brûlures après une exposition relativement brève au rayonnement solaire. On appelle photosensibilisation ce phénomène qui peut être mortel. Les patients qui prennent des médicaments photosensibilisants sont censés rester à l'intérieur ou, s'ils doivent sortir, utiliser des filtres solaires puissants.

Bien que les médecins fassent rarement de telles mises en garde contre ces médicaments, les articles des magazines populaires qui parlent du millepertuis se font souvent un point d'honneur d'avertir les gens qui prennent de l'herbe d'éviter les expositions au soleil.

L'origine de ce problème remonte au XVIIIᵉ siècle, quand on remarqua que des troupeaux de moutons et de bétail à peau claire, broutant de grandes quantités de millepertuis, avaient souvent de violents coups de soleil. Les propriétaires de ranchs en Oregon et près de Washington perdirent apparemment des millions de dollars en bétail à cause de ces brûlures durant l'infestation de millepertuis qui eut lieu dans le Nord-Ouest de la côte du Pacifique, à la suite de quoi on surnomma l'herbe «ivraie de Klamath» (comme il a été mentionné au chapitre premier).

La toxine qui rend sensible au soleil dans le millepertuis est l'hypéricine, la substance même qui est listée sur les extraits standardisés. On croit toutefois que la quantité d'hypéricine requise pour provoquer la photosensibilisation est au moins de 30 à 50 fois plus grande que la dose recommandée[23].

On ne connaît aucun cas de photosensibilisation parmi tous les patients qui ont fait l'objet d'observations dans les études réalisées pour étudier le millepertuis comme traitement de la dépression, pas plus qu'il n'a été question de cas de photosensibilisation dans les publications, malgré l'usage répandu de cette herbe en Allemagne. Quelques patients ont effectivement démontré des signes de photosensibilisation lors d'expériences cherchant à voir si le millepertuis pouvait aider des patients atteints de sida, mais ces quelques cas impliquaient des doses très élevées d'hypéricine synthétique administré par intraveineuse[24].

Pourtant, il est toujours possible que quelqu'un puisse développer une sensibilité au soleil tout en prenant des doses normales de millepertuis. Par conséquent, pour une sécurité absolue, les gens à la peau claire devraient peut-être s'abstenir de s'exposer trop longtemps au soleil quand ils prennent de cette herbe.

Des effets secondaires semblables à ceux des IMAO ?

La monographie officielle allemande sur le millepertuis suggère que les patients qui prennent de l'herbe devraient observer certaines précautions semblables à celles qu'il faut prendre avec les inhibiteurs de mono-amino-oxydase. Mais comme le problème de la photosensibilisation, cela constitue un avertissement hautement théorique. Je n'arrive pas à trouver un seul cas répertorié de réactions semblables à celles des IMAO chez des patients prenant du millepertuis pour lutter contre leur dépression.

Comme nous l'avons vu dans le chapitre précédent, les patients prenant des IMAO doivent être très attentifs à ce qu'ils mangent. Le fromage, le vin, la levure et d'autres aliments contenant de la tyramine peuvent provoquer des réactions sérieuses et même fatales. Certains médicaments déclenchent la même réaction, y compris le Sudafed, le phénylpropanolamine et d'autres décongestionnants nasaux.

Cette éventuelle interaction font des IMAO des médicaments plutôt dangereux. Les mêmes mises en garde ont été associées au millepertuis, non parce qu'on avait observé de telles interactions, mais à cause d'une étude réalisée en 1984 et selon laquelle le millepertuis pouvait inhiber la mono-amino-oxydase.

Les études subséquentes n'arrivèrent pas à corroborer l'existence d'effets semblables à ceux des IMAO. Comme je l'expliquais plus tôt dans le présent chapitre, la théorie de l'inhibition de la mono-amino-oxydase pour le millepertuis est tombée en défaveur pour être remplacée par la théorie des sérotonines. Ainsi la seule base pour craindre les réactions que l'on retrouve avec les IMAO a été essentiellement réfutée. Le rapport sur le millepertuis publié en 1996 dans le *British Medical Journal* ne mentionnait même pas le facteur d'inhibition de la mono-amino-oxydase[25].

Interactions avec les médicaments

Quand, pour une raison ou pour une autre, des patients songent à prendre une herbe, ils se demandent souvent si cela peut s'opposer à la médication qu'ils prennent déjà. Comme les médicaments se nuisent fréquemment les uns les autres, c'est là un souci réaliste et légitime. Malheureusement, il est difficile de répondre avec certitude à cette question.

Il n'y a pas d'interactions connues entre le millepertuis et les médicaments de pharmacie. Toutefois, cette affirmation ne signifie pas que de telles interactions n'existent pas. Il est certes possible que des problèmes inconnus puissent surgir chez certaines personnes, parce que les expériences systématiques n'ont jamais tenté de découvrir les interactions possibles entre médicaments et herbes.

On trouve sensiblement la même situation dans le monde des médicaments. Les chercheurs en médecine ne font pas le tour de tous les médicaments disponibles pour les essayer avec toutes les combinaisons possibles de médicaments. Cela coûterait trop cher et demanderait trop de temps et, de plus, le fait d'exposer délibérément et inutilement des patients à des médicaments lors d'essais cliniques ne correspondrait pas au code d'éthique. Les

interactions entre les médicaments sont habituellement décou-
vertes par hasard ou par analogie avec d'autres interactions déjà
connues.

Voici ce que l'on peut dire avec certitude. Dans la vaste expérience menée en Allemagne sur le millepertuis, on n'a jamais publié aucun cas de problème provoqué par l'usage simultané de
millepertuis et d'un médicament pharmaceutique[26].

Des effets à long terme

Les gens se demandent aussi souvent s'il est dangereux de prendre des herbes pendant plusieurs années. Voilà un souci légitime, car
plusieurs médicaments provoquent des problèmes qui ne deviennent évidents qu'après une longue période d'utilisation, et les herbes
peuvent de toute évidence faire le même effet.

Malheureusement, il n'existe aucune étude ayant vérifié de
façon systématique l'absence de danger relative au millepertuis con-
sommé pendant plus de huit semaines. Bien qu'on l'utilise largement en Allemagne depuis les 10 dernières années, on n'a réussi à
déceler aucun effet dangereux à retardement, mais cela ne veut pas
dire qu'il ne peut y avoir d'effets secondaires cachés, subtils ou occasionnels qui n'auraient tout simplement pas encore été décelés.
Ainsi, il est impossible d'affirmer de façon définitive que le millepertuis ne comporte aucun danger sur une longue période de temps.

La même ignorance prévaut d'ailleurs avec le Prozac, avec les
autres antidépresseurs et, en fait, avec à peu près tous les traitements médicaux. Le seul moyen absolument infaillible de déterminer si oui ou non il existe un danger à long terme serait de prendre
deux populations identiques, de donner à l'une d'entre elles le
médicament et à l'autre un placebo, et de poursuivre l'expérience
pendant des décennies. Si après 50 ans, ou à peu près, aucun problème ne surgissait au sein du groupe traité, on pourrait alors conclure qu'un remède est absolument inoffensif à long terme.

Il est évident qu'une telle expérience n'a jamais été tentée, ni
pour des médicaments, ni pour des herbes, ni pour des vaccins, ni
pour des agents de conservation de la nourriture, ni pour des aliments. Ainsi, on doit considérer qu'aucun traitement n'a jamais
prouvé qu'il était sûr à long terme.

Certaines personnes ont l'impression qu'étant donné que le millepertuis est une herbe naturelle, la plante a plus de chances d'être inoffensive qu'un médicament à long terme, mais cela est une affirmation tenant plus de l'émotion que de la raison. De nombreuses plantes se sont avérées toxiques, y compris la grande consoude et le chaparral. Pour leur part, les aliments gras semblent être cancérigènes. En d'autres termes, le fait que le millepertuis soit naturel n'offre pas la garantie qu'il soit parfaitement inoffensif.

Le millepertuis est-il inoffensif durant la grossesse et l'allaitement ?

Tout comme pour la question des dangers à long terme, il est très difficile d'établir la fiabilité d'un produit utilisé au cours de la grossesse et de l'allaitement. Les compagnies de produits pharmaceutiques hésitent à affirmer qu'un médicament peut être pris en toute sécurité durant la grossesse et l'allaitement, car il n'y a aucun moyen d'en être sûr si on ne l'a pas essayé ; et cela pourrait entraîner des risques inacceptables. On peut en dire autant du millepertuis. Bien qu'il n'y ait aucune preuve que cette herbe devrait être évitée durant la grossesse et l'allaitement, on ne peut non plus affirmer quoi que ce soit quant à sa nature inoffensive.

Le millepertuis est-il inoffensif pour les enfants ?

Encore une fois, c'est là une question à laquelle on ne peut pas répondre avec certitude. Toutes les études sur le millepertuis ont été réalisées avec des patients adultes. La situation est à peu près la même pour le Prozac. On utilise cependant souvent le Prozac pour les enfants et le millepertuis est sans doute lui aussi approprié.

La plupart des praticiens qui prescrivent du millepertuis pour les enfants baissent la dose proportionnellement au poids, en se basant sur une moyenne de 59 kg (130 lb) pour les adultes. Ainsi, un enfant de 29,5 kg (65 lb) pourrait recevoir la moitié de la dose normale d'un adulte.

D'autres mises en garde

Comme nous l'avons dit précédemment, le millepertuis n'est pas un traitement approprié pour les dépressions majeures. La plupart des études scientifiques portant sur le millepertuis ont évalué son efficacité lors de dépressions légères ou moyennes (des résultats aux HAM-D de 24 points ou moins). Dans l'esprit des médecins qui l'utilisent, on ne devrait pas compter sur le mille-pertuis pour traiter des symptômes de dépression majeure, car ses effets ne semblent pas assez puissants.

La dépression majeure est une maladie grave, où le risque de suicide est toujours présent. Dans de tels cas, l'usage d'antidé-presseurs, avec un suivi médical, peut sauver des vies (quoique cela ne soit pas encore prouvé).

Le millepertuis peut également ne pas être un traitement approprié entre des épisodes de dépression chez des patients qui souffrent de fréquents épisodes de dépression majeure. Alors que des recherches indiquent qu'un traitement continu aux antidé-presseurs peut prévenir la récurrence, le millepertuis n'est proba-blement pas assez puissant pour procurer de semblables bienfaits.

Enfin, les symptômes qui ressemblent à ceux de la dépression peuvent être provoqués par une grande variété de maladies, y compris une faiblesse de la thyroïde, l'anémie et l'asthme. Il est important de s'assurer que la dépression n'est pas liée à des causes physiologiques aussi flagrantes avant d'entreprendre de se traiter soi-même avec du millepertuis.

Qu'attendre d'un traitement ?

Bien que chaque personne soit différente, le millepertuis occa-sionne en général une élimination douce et graduelle de plusieurs des symptômes de la dépression légère ou moyenne. La nature de ces bienfaits ne trouve pas vraiment d'expression dans le langage rigide des termes médicaux. Vous trouverez donc ici des témoi-gnages de gens ayant bénéficié des effets du millepertuis.

Une des affirmations que j'entends le plus couramment est que les gens se sentent dynamisés et revivifiés, mais lentement et sans brusquerie. Comme le disait une jeune femme : « C'est plus comme l'énergie qui vient après une bonne nuit de sommeil que celle qui vient après une tasse de café. »

Cette augmentation de l'énergie survient si doucement que vous pouvez même ne pas la remarquer immédiatement. Certaines personnes ne s'aperçoivent qu'elles ont repris de l'énergie qu'après avoir cessé de prendre du millepertuis, au moment où elles retrouvent leur ancien état de fatigue.

« J'avais oublié à quoi cela ressemblait », dit un homme de 37 ans, trois semaines après avoir cessé de prendre l'herbe. « Je croyais que le millepertuis ne fonctionnait pas du tout, mais quand son effet a disparu, j'ai recommencé à me sentir comme un somnambule tout au long de la journée. » Quand il en prit à nouveau, il fut plus attentif et remarqua immédiatement le changement.

Le millepertuis peut également améliorer la capacité de rester alerte, d'avoir des pensées claires, de se concentrer ainsi que de faire face au stress et aux autres distractions. La description suivante, donnée par une femme de 43 ans, mère de deux enfants, dépeint certains de ces effets. « Habituellement, après trois heures de travail, il fallait que je fasse un somme, dit-elle. Je n'arrivais pas à me concentrer sur mes tâches et tous les chiffres que je devais entrer dans des rapports devenaient embrouillés. Mais avec le millepertuis, je ne suis pas fatiguée avant trois heures de l'après-midi environ et ensuite je ne me sens pas plus mal que n'importe qui d'autre. Et quand j'entre à la maison, j'ai encore de l'énergie en réserve pour mes enfants. »

Un directeur de magazine de 30 ans parlait ainsi : « Je me sens moins éparpillé. C'est comme si j'avais une meilleure capacité à me mettre à la tâche. Avant, je tombais dans un état de demi-confusion, comme si ma pensée partait dans tous les sens en même temps. Le millepertuis m'a donné un supplément d'énergie mentale suffisant pour contrôler mon propre esprit et lui faire faire ce que je lui commandais. »

Le millepertuis peut également améliorer indirectement les niveaux d'énergie. À titre d'exemple, l'exercice est un des meilleurs moyens d'augmenter l'énergie, mais quand vous êtes déprimés, vous pouvez trouver qu'il est difficile de seulement vous y mettre. Le millepertuis peut vous aider à briser ce cercle vicieux et à améliorer votre style de vie, ce qui vous donnera finalement d'autres avantages.

En plus d'augmenter l'énergie, les patients qui trouvent leur compte avec le millepertuis disent généralement se sentir de meilleure humeur, plus légers. Ce n'est pas comme une euphorie due à la drogue ni comme la joie presque mécanique que certaines personnes disent ressentir avec le Prozac. Cela ressemble plutôt à l'élévation de l'esprit que l'on ressent normalement quand on se sent vraiment en forme.

«Je me sens plus enjoué maintenant», me raconte un mécanicien de 27 ans. «Au lieu de m'affaisser dans une sorte d'état de lassitude, ce qui est trop souvent mon état normal, j'ai envie de m'amuser. Au travail, je fais plus souvent des blagues avec les gars qui m'entourent et, chez moi, je ne reste plus là à ne rien faire d'autre que de tourner et retourner sans arrêt mes problèmes dans ma tête. Je sors et je fais les choses que j'aime.»

Un autre patient décrit ainsi son expérience avec le millepertuis: «J'ai l'impression que ma tête émerge des nuages. Bien que je n'aie pas l'habitude d'être extrêmement déprimé, j'ai souvent le vague à l'âme et je me sens triste la plupart du temps. Je m'en sors bien, mais on dirait qu'il y a toujours quelque chose qui me rend malheureux. Le millepertuis change beaucoup cela. Ce n'est pas que j'aie totalement cessé d'être malheureux — ça continue quand même — mais ce n'est pas constant. J'ai plutôt des hauts et des bas, au lieu d'être constamment en bas.»

Un autre patient décrit cet effet comme une «augmentation de l'énergie affective». Il dit: «Non seulement le millepertuis rend mon esprit plus alerte, mais cela m'aide à me sentir plus fort. Avant j'avais l'habitude de me sentir quelque peu engourdi et déconnecté. Avec le millepertuis, je suis plus excité, je mords plus dans la vie.»

De la même manière que pour l'énergie, il faut un certain temps au millepertuis pour créer de la bonne humeur. On parle souvent d'environ quatre ou six semaines. Un médecin allemand, également auteur d'un texte important sur le millepertuis, suggère toutefois de donner encore plus de temps à l'herbe avant qu'elle ne fasse effet. Voici ce que dit le docteur Rudolf Fritz Weiss: «L'amélioration des humeurs ne survient pas rapidement — il faut donner le médicament [le millepertuis] non seulement pendant quelques semaines, mais probablement pendant deux ou trois mois[27].»

Il continue cependant en disant : « On remarque habituellement les premiers effets après deux ou trois semaines. »

Comme les propriétés du millepertuis permettant d'augmenter l'énergie et d'améliorer les humeurs surviennent sans effets secondaires excitants, ce traitement est souvent recommandé pour soigner les dépressions accompagnées de légère anxiété. Ainsi que le disait une patiente : « Comme j'ai plus d'énergie sur le plan émotif et que je me sens moins ténébreuse, les pensées qui provoquent de l'anxiété ont moins d'emprise sur moi que d'habitude. »

Le millepertuis n'est pas un tranquillisant, mais en soulageant la dépression sans produire de stimulation artificielle, il peut produire un effet net de baisse d'anxiété. Le docteur Weiss recommande de combiner le millepertuis avec des tranquillisants doux à base de plantes pour obtenir des bienfaits additionnels, comme nous le précisons au chapitre 10.

Parmi les patients qui prennent du millepertuis, plusieurs rapportent une amélioration de la qualité de leur sommeil. Comme les autres effets du millepertuis, cet effet est doux et « s'infiltre en vous ». Après avoir pris de l'herbe pendant un certain temps, de nombreux patients affirment qu'ils dorment mieux et plus profondément.

« On dirait que je m'enfonce plus », me raconte une étudiante de 23 ans. « Avant, je flottais à la surface presque toute la nuit, révisant mes cours et repassant sans arrêt mes matières dans ma tête. Maintenant, la plupart du temps, je sens que je disparais dans les profondeurs presque tout au long de la nuit. »

Le millepertuis ne provoque pas directement le sommeil. L'amélioration dans la qualité du sommeil semble résulter de l'élimination de la dépression. Dans certains cas, quand le millepertuis n'arrive pas à soulager la dépression (et il ne réussit certes pas à tout coup), le sommeil ne semble pas s'améliorer non plus.

On trouve probablement aussi un lien similaire dans l'influence positive qu'a le millepertuis sur les habitudes alimentaires. Les gens chez qui la dépression entraîne une perte d'appétit rapportent souvent que l'herbe leur redonne le goût de manger. Cet effet est sans doute plus remarquable chez les patients âgés. Une femme de 70 ans me raconta que lorsqu'elle avait commencé à prendre du millepertuis, «on aurait dit que la nourriture avait plus de goût».

La dépression peut provoquer de l'irritabilité plutôt que de la tristesse. La fille de la femme dont je viens tout juste de parler affirme sans équivoque : «Le millepertuis a rendu ma mère beaucoup moins râleuse. Elle n'est plus tout le temps de mauvaise humeur.»

Encore une fois, étant donné que le millepertuis n'est pas un tranquillisant, cette réduction de l'irritabilité est sans doute reliée directement au soulagement de la dépression. Il arrive fréquemment que l'on constate également ce même effet avec les antidépresseurs chimiques, bien que les effets secondaires des médicaments de la famille du Prozac puissent aggraver les pertes d'appétit.

L'estime de soi et la capacité à affronter le danger peuvent aussi s'améliorer avec le millepertuis. Le fait de prendre de l'herbe peut également réduire la timidité. L'effet est rarement «miraculeux», comme on le proclame souvent pour le Prozac, mais il existe sans conteste. Une fois de plus, l'effet direct du millepertuis sur la dépression semble être en cause.

Comme le disait un homme dans la vingtaine : «Maintenant que j'ai de l'énergie et que je me sens pas mal plus joyeux, je n'ai plus aussi peur de me montrer en public. Avant, je ne croyais pas vraiment que les gens pouvaient avoir envie de me voir. Je n'aurais moi-même pas eu envie de me voir, j'étais tout le temps déprimé. Aujourd'hui, je n'ai pas l'impression de m'être transformé en quelqu'un d'autre, mais j'ai l'impression que j'ai le *souffle* intérieur qu'il faut pour mieux m'en sortir.»

Le fait que le millepertuis soit une herbe naturelle joue un grand rôle pour bien des gens qui l'utilisent. Pour eux, il est beaucoup plus acceptable de prendre une herbe qu'un médicament. «Je déteste être dépendante du Prozac», est un commentaire que j'ai entendu des dizaines de fois. «Le fait de prendre des médicaments me donne l'impression d'être une personne malade qui a besoin d'être soignée», dit un menuisier de 37 ans en parlant de son expérience avec le Prozac. «Mais ça ne me fait rien de prendre du millepertuis. C'est comme si je prenais une vitamine ou que je mangeais des graines. C'est une expérience intéressante au lieu d'être quelque chose de gênant. »

« Les herbes sont faites pour guérir », dit une autre patiente. « Les animaux aussi mangent des herbes quand ils ne se sentent pas bien. C'est naturel d'en prendre, alors que le Prozac n'est pas naturel. »

Cette attitude envers le millepertuis est fondée sur des sentiments et des intuitions plutôt que sur des faits objectifs. Ceux qui ne partagent pas cette attitude de base ne comprennent souvent pas pourquoi les herbes devraient être différentes des médicaments. Les médecins, par exemple, tendent souvent à se moquer de la notion de « naturel ». Ils font remarquer que bien des médicaments sont également faits à partir d'herbes.

Bien que cela soit vrai, aucun antidépresseur chimique ne vient des plantes. Ils ne sont tous que des produits chimiques de synthèse. Et le millepertuis, avec sa riche mixture d'ingrédients naturellement présents en lui, semble simplement plus sain pour les gens pour qui cela compte.

« Je suis une environnementaliste, en plus, dit une de mes patientes. Je préconise que l'on s'approche de la nature le plus souvent possible. J'achète du coton, je n'ai pas du tout envie de porter des vêtements en polyester. Le fait de prendre une herbe convient mieux à mon style de vie. »

Mais ce n'est pas parce que quelque chose est naturel que cela est parfait. Le millepertuis ne réussit pas toujours. Certaines personnes en prennent et ne sentent aucune amélioration. (La même chose survient avec le Prozac, bien sûr, et bien plus souvent que sa réputation ne le laisse croire !) D'autres pensent qu'ils ressentent une amélioration et se disent ensuite, après un moment, qu'ils ne faisaient que prendre leurs désirs pour des réalités.

Par exemple, un de mes collègues, un médecin de 38 ans, essaya le millepertuis et d'autres traitements alternatifs pendant deux années entières et cela s'avéra une tentative tout à fait inutile pour traiter naturellement sa dépression. Il me disait souvent : « Je pense que ça marche maintenant, j'ai l'impression de remonter la pente », utilisant si souvent les mêmes termes que tout cela finit par devenir une vraie blague. Quand il finit par prendre du Zoloft, les résultats furent spectaculaires et incontestables. «C'est exactement cela que j'espérais qu'il m'arrive auparavant, dit-il. Le Zoloft m'aide d'une manière telle que je n'ai pas besoin de me pincer pour y croire.»

Bien sûr, le Zoloft ne fonctionne pas toujours, non plus. Il n'est pas facile de se faire une idée exacte du nombre de fois où le millepertuis est bénéfique pour des dépressions légères ou moyennes, mais pour ma part, je dirais qu'il fait de l'effet dans une proportion de 50 à 75 p. 100. Comme je l'ai dit dans la note au lecteur, c'est là une herbe très utile, mais non une cure miracle. C'est un bon outil pour traiter la dépression légère et cela peut combler le désir de s'adonner à un traitement «naturel». Toutefois, le problème ne se résume pas à cela.

N'oublions pas de traiter l'ensemble de la personne

Notre société encourage la pilule du bonheur et le fait de prendre du millepertuis comme pilule naturelle se substituant aux pilules chimiques consiste à nier une grande partie de la réalité. Peter Kramer, dans *Listening to Prozac,* illustre très bien ce point en affirmant: «En général, les patients à qui je prescris du Prozac ont d'abord suivi des sessions intensives de psychothérapie... Il faut que les gens soient prêts à prendre du Prozac, [qui] réussit mieux chez les patients dont les conflits sont résolus, mais qui restent aux prises avec des handicaps biologiques personnels.»

En d'autres termes, si une personne a fait son travail sur le plan psychologique, mais reste entravée par des humeurs qui semblent liées à une mauvaise programmation du cerveau sur le plan chimique, l'usage d'un médicament (ou d'une herbe) peut être utile. Mais les pilules ne devraient pas être utilisées comme seul et unique remède dans les cas de dépression.

Plusieurs d'entre nous souffrons de blessures émotionnelles complexes et persistantes qu'une simple substance n'arrive pas à soulager. Au lieu de cela, il est souvent nécessaire de démêler ces nœuds, de leur faire lâcher prise et d'atténuer leur domination tyrannique. Il faut un ou une psychothérapeute habile et sensible pour accomplir cela, et non un comprimé.

Cependant, bien des gens, même après des années d'une excellente psychothérapie, n'arrivent pas à soulager leur dépression. Ils semblent être la proie d'humeurs qui ont leur propre autonomie, et qui sont aussi fondamentalement inscrites dans leur système que leurs cheveux blonds ou leurs yeux noisette.

Nous ne savons pas vraiment avec certitude si la dépression légère ou moyenne est transmise génétiquement. Il se peut que l'esprit prenne des habitudes dépressives qui se sont transmises tout comme des manies ou des expressions du langage. Si tous les membres d'une famille tendent à dire « pardon » dès qu'ils ne comprennent pas quelque chose qu'ils viennent d'entendre (comme c'est le cas du côté de mon épouse), nous n'attribuerons pas cette habitude commune à l'ADN. Nous comprendrons qu'ils ont tous pris cette habitude ensemble.

De la même façon, la dépression peut être jusqu'à un certain point apprise par imitation. Les enfants peuvent remarquer des modèles parentaux de tristesse et les adopter pour eux-mêmes. Mais chez certaines personnes, il semble que la génétique joue un rôle. Peu importe à quel point ils tentent de compenser ou de s'en sortir, peu importe à quel point ils règlent de mauvais plis sur le plan émotif en psychothérapie, les humeurs de la dépression prévalent. Ce sont ces personnes qui gagnent le plus à adopter une thérapie d'antidépresseurs, et le millepertuis peut également leur être utile. Mais de tels traitements fonctionnent toutefois mieux quand le difficile travail de psychothérapie a été effectué.

En plus de la psychothérapie, le bon sens oblige à reconnaître d'autres aspects de la dépression qui ne devraient pas être négligés en faveur des antidépresseurs. J'ai déjà mentionné la nécessité d'exclure les maladies physiologiques qui peuvent prendre la forme d'une dépression, comme une faiblesse de la thyroïde. Il est également important de prendre en considération certains problèmes liés au style de vie.

Un régime alimentaire déficient peut certes augmenter les symptômes de la dépression. À partir du travail en clinique et d'au moins quelques preuves tirées d'expériences à double insu, il ressort fortement que chez certaines personnes, la caféine et le sucre peuvent produire des symptômes de dépression[28]. Des déficiences en minéraux et en diverses vitamines peuvent également provoquer la dépression. De faibles niveaux d'acide folique, de vitamine B_{12}, de pyridoxine, de fer et de magnésium sont quelques-uns des facteurs de dépression les plus souvent rencontrés dans la nutrition.

En plus du régime alimentaire, d'autres aspects liés au style de vie peuvent influencer fortement la dépression. L'exercice, les divertissements, une situation de vie aisée, un emploi satisfaisant, des niveaux de stress tolérables et de bonnes relations avec les amis et la famille, tout cela est très important.

Je me rappelle une femme de 30 ans qui avait essayé aussi bien les antidépresseurs que le millepertuis, toujours sans succès. Sa dépression disparut le jour où elle quitta la maison de sa mère et emménagea dans sa propre maison. Il est intéressant de noter que cette solution lui avait été suggérée non pas par son thérapeute ni par moi, mais par sa nièce de sept ans !

De temps à autre, des gens me disent qu'après avoir essayé d'effectuer des changements qui leur semblaient pleins de bon sens et n'en avoir retiré aucun bienfait, ils étaient revenus à leur ancien style de vie moche. Je leur suggère souvent de réviser leur position. Grâce à l'aide additionnelle offerte par le millepertuis, certaines solutions qui avaient échoué précédemment ont pu devenir plus judicieuses par la suite. On pourrait en dire autant de la psychothérapie : le fait d'avoir une meilleure humeur et plus d'énergie à cause d'un antidépresseur, qu'il soit naturel ou non, peut faciliter le processus de la psychothérapie. Je reviendrai sur ce sujet au chapitre 10.

Pour l'instant, je voudrais simplement conclure en disant que la meilleure approche pour traiter la dépression (et traiter n'importe quel autre problème) consiste à regarder l'ensemble de la situation. En tenant compte des aspects médicaux et psychologiques ainsi que du style de vie, le millepertuis peut largement contribuer à trouver une solution globale.

CHAPITRE SEPT

Comparons le millepertuis aux traitements médicamenteux

- · Comparaisons directes
- · Comparaisons indirectes
- · Ce que disent les cliniciens
- · Comparons les effets secondaires
- · Une curieuse différence
- · La sécurité
- · Des détails subtils

Dans le chapitre précédent, on a vu à quel point le millepertuis s'était montré efficace dans le traitement de la dépression légère ou moyenne. On a tiré cette conclusion d'études rigoureuses sur le plan scientifique, ayant fait appel à un nombre suffisant de patients et publiées dans des revues réputées. Toutefois, aucune des études citées dans le chapitre précédent n'avait directement comparé l'efficacité du millepertuis avec celle des moyens pharmaceutiques. Dans le présent chapitre, nous explorerons la question suivante : quel est le traitement le plus approprié pour soigner la dépression légère ou moyenne, le millepertuis ou les médicaments antidépresseurs ?

Comparaisons directes

En 1993, E. Vorbach et ses collègues réalisèrent une expérience visant à comparer l'efficacité respective du millepertuis et de l'imipramine dans le traitement de la dépression légère ou moyenne[29]. L'imipramine est le plus ancien des médicaments tricycliques, et il est relativement rare qu'on l'utilise de nos jours en pratique clinique à cause de ses nombreux effets secondaires. Son efficacité n'a cependant jamais été surpassée, et l'imipramine reste le « grand standard » auquel on compare habituellement les nouveaux antidépresseurs.

Par exemple, au moment où Eli Lilly tentait de faire approuver le Prozac, la compagnie commandita de vastes expériences pour comparer en clinique sa nouvelle médication avec l'imipramine. Les résultats ne montrèrent pas que le Prozac était plus puissant que l'imipramine. Au lieu de cela, tous les résultats montrèrent que l'effet était comparable, ce qui suffisait à la FDA.

Vorbach choisit de comparer le millepertuis au même grand standard. Lui et ses collègues chercheurs préparèrent des capsules d'extrait de millepertuis qui étaient identiques à l'imipramine pour ce qui est de l'apparence, de la saveur et de la consistance. Les patients étaient ensuite divisés au hasard en deux groupes, l'un d'entre eux recevant 3 fois par jour 300 milligrammes de millepertuis standardisé et l'autre recevant 3 fois par jour 25 milligrammes d'imipramine. Un total de 135 patients répartis dans 20 cabinets de médecins différents étaient enrôlés dans l'étude et suivis durant 6 semaines. L'âge des patients allait de 18 à 75 ans, puis hommes et femmes étaient présents dans des proportions à peu près égales.

À l'aide de l'index de dépression HAM-D, les médecins notaient le niveau de dépression des patients au début de l'étude et à toutes les deux semaines jusqu'à la fin. Les niveaux de dépression des patients étaient également notés à l'aide d'une autre échelle d'évaluation connue sous le nom de *Clinical Global Impressions Scale* (CGI). Cette échelle permet d'avoir une perspective quelque peu différente sur l'évolution de la dépression. En enregistrant la progression de ces résultats, on arrivait à obtenir une comparaison directe entre les pouvoirs antidépresseurs de l'imipramine et ceux du millepertuis.

Au début de l'étude, les deux groupes de patients présentaient des résultats HAM-D tournant en moyenne autour de 20 points. Les patients traités au millepertuis améliorèrent leurs résultats de 55 p. 100, alors que ceux qui prenaient de l'imipramine ne s'améliorèrent que de 45 p. 100. À la fin du test, on estima que 81,8 p. 100 des patients prenant du millepertuis s'étaient améliorés «de façon significative», selon les critères du CGI, alors que seulement 62,5 p. 100 des patients prenant de l'imipramine reçurent ce commentaire.

Comme ces données ne présentaient pas assez de différence pour donner satisfaction sur le plan statistique, les auteurs de l'étude en arrivèrent à cette conclusion : le millepertuis et l'imipramine sont aussi efficaces l'un que l'autre dans le traitement de la dépression légère ou moyenne. L'imipramine étant reconnue comme aussi efficace que le Prozac, il semble logique de croire que le millepertuis s'avérerait tout aussi efficace que le Prozac si l'on comparait aussi les deux produits.

Il y a malheureusement une faille sérieuse dans cette recherche par ailleurs très bien menée : le dosage de l'imipramine était trop faible. Les participants recevaient 75 milligrammes d'imipramine chaque jour et pas plus, alors qu'en réalité, dans la pratique clinique, des doses de 150 à 250 milligrammes sont souvent nécessaires pour atteindre un résultat optimal. Dans une étude qui comparait l'imipramine au Zoloft et à un placebo, on fixa la dose moyenne à 200 milligrammes d'imipramine par jour[30]. En d'autres termes, les doses de 75 milligrammes utilisées pour cette étude comparative sur le millepertuis étaient probablement trop faibles pour démontrer le plein potentiel de l'imipramine.

Les chercheurs savaient qu'ils utilisaient une faible dose d'imipramine. En fait, ils avaient délibérément choisi de garder intacte la structure du test en double aveugle. L'imipramine provoque un certain nombre d'effets secondaires sérieux et évidents, comme la sécheresse buccale, des étourdissements et de la sédation, et plus les doses auraient été élevées, plus les effets secondaires auraient été puissants. En comparaison, le millepertuis ne produit à peu près aucun effet secondaire. Si Vorbach avait utilisé l'imipramine à pleines doses, les participants recevant le médicament au lieu de l'herbe auraient presque sans aucun doute été capables de deviner rapidement de quel groupe ils faisaient partie. Les médecins participants aussi auraient pu s'en apercevoir et tout le profit du test à double insu aurait été annulé.

De plus, pour choisir une telle dose, les chercheurs s'appuyaient sur un manuel allemand, un classique de la documentation sur les thérapies médicamenteuses pour les maladies psychiatriques, document où l'on affirme que 50 milligrammes d'imipramine devraient suffire pour la plupart des patients. Mais peu de médecins aux États-Unis entérineraient une telle affirmation. Selon les standards américains, une dose de 75 milligrammes d'imipramine par jour paraît nettement insuffisante sur le plan thérapeutique, ce qui fait qu'au lieu d'impressionner, l'étude paraît risible.

Une expérience similaire (avec un défaut semblable) fut réalisée par G. Harrer et ses collègues en 1993[31]. On y comparait l'efficacité du millepertuis et d'un autre tricyclique andépresseur: le maprotiline. Le maprotiline est un antidépresseur intéressant pour deux raisons. À la différence de la plupart des tricycliques, c'est un médicament très spécifique. Il élève les niveaux de norépinéphrine, mais ne change pas du tout le taux de sérotonine. C'est l'effet contraire du Prozac, qui élève la sérotonine sans affecter la norépinéphrine. Le maprotiline est également exceptionnel à cause de sa remarquable rapidité de réaction. La plupart des gens qui en prennent ressentent une réduction de leurs symptômes de dépression dès la première ou la deuxième semaine, alors que les autres antidépresseurs exigent habituellement quatre ou six semaines.

L'étude de Harrer recruta 102 patients venus de 6 cabinets de médecins et on les suivit durant 4 semaines. Les patients étaient aussi bien des hommes que des femmes, et leur âge variait entre 24 et 65 ans. En moyenne, leurs résultats initiaux au HAM-D étaient d'environ 21, ce qui représente une dépression moyenne.

On donnait à la moitié des patients du millepertuis et à l'autre, du maprotiline. Le calcul du HAM-D était refait à la fin des deuxième et quatrième semaines. Comme on s'y attendait, c'est le maprotiline qui mena la course au début: ceux qui en prenaient montrèrent plus de signes d'amélioration quand on refit les tests pour la première fois. En revanche, après quatre semaines, le millepertuis avait pleinement rejoint le maprotiline en ce qui concerne les résultats positifs. Dans les deux groupes, les résultats s'étaient finalement améliorés de façon semblable d'environ 50 p. 100.

Il y avait néanmoins une différence remarquable entre les patients qui avaient reçu du millepertuis et ceux qui avaient été traités au maprotiline. En vertu des critères du CGI, on estima que beaucoup plus de patients prenant l'herbe s'étaient « beaucoup améliorés » ou « n'étaient plus malades », comparativement à ceux qui prenaient le médicament. Les chercheurs en conclurent que cette différence était probablement due aux effets secondaires provoqués par le maprotiline.

Une fois encore, bien que les résultats aient été impressionnants, leur validité fut mitigée à cause des faibles doses utilisées au cours de la recherche. Les participants n'avaient reçu que 75 milligrammes de maprotiline par jour. Dans une pratique normale en cabinet, c'est là l'équivalent d'une dose de départ. Habituellement, les médecins revoient ces quantités à la hausse pour arriver à un effet optimal. Ils finissent en général par arriver à des doses de 100 à 150 milligrammes par jour.

Ici aussi, on avait injustement désavantagé le médicament opposé au millepertuis, ce qui rend les résultats de l'étude discutables. En revoyant les études effectuées sur l'imipramine et le maprotiline, le *British Medical Journal* déclara que « l'objet de la comparaison devrait être testé en doses thérapeutiques » et refusa de prendre au sérieux les résultats de ces recherches[32].

Comme nous l'avons déjà mentionné, il n'est pas facile de résoudre ce problème. Si une étude utilisait de pleines doses d'un médicament antidépresseur, de nombreux patients arriveraient à deviner qu'ils sont en train de prendre un médicament et non une herbe, ce qui dévoilerait le secret du double insu. Il faut une approche totalement différente, mais à ce jour, aucune n'a encore été mise au point. Dans le dernier chapitre de ce livre, je suggère certaines approches possibles.

Comparaisons indirectes

Il existe une autre manière d'évaluer l'efficacité relative du mille-pertuis et des thérapies médicamenteuses : il s'agit de comparer la baisse des résultats HAM-D que chaque traitement produit lors de ses propres expériences indépendantes. Une telle méthode ressemble aux comparaisons des temps effectués par des coureurs qui courent seuls, chacun pour soi. Une compétition en direct permet de mieux déterminer le gagnant, mais les résultats individuels peuvent tout de même servir à qualifier les concurrents potentiels en vue de la vraie course. De la même façon, des comparaisons en croisé peuvent montrer si le millepertuis est un réel concurrent.

Pour s'assurer que cette comparaison se fait entre des pommes et des pommes, et non entre des pommes et des poires, toutes les études décrites précédemment ont utilisé le même système de test HAM-D en 17 points lors de leur évaluation. Je m'attarde ici aux expériences effectuées sur les plus récents antidépresseurs, car ce sont eux que l'on prescrit le plus souvent aux patients dont la dépression est légère ou moyenne.

Une recherche effectuée sur le Prozac évalua 372 patients dont la dépression était faible (des résultats HAM-D entre 15 et 19), mais les résultats n'étaient pas très convaincants[33]. Les patients traités au placebo et au Prozac ressentirent essentiellement les mêmes améliorations, selon les résultats HAM-D. En d'autres termes, le Prozac s'avéra en moyenne n'être pas plus efficace qu'une pilule de sucre pour traiter une dépression légère.

Face à des résultats aussi négatifs, les auteurs de l'étude eurent recours à des manipulations statistiques douteuses dans ce qui semble être une tentative désespérée pour montrer que le Prozac était efficace. Ils examinèrent de près les réactions de chaque patient et identifièrent un sous-groupe qui réagissait bien au Prozac. Ils en vinrent à la conclusion que le Prozac était tout à fait efficace pour certains patients dont la dépression était faible, mais pas pour les autres.

En réalité, cette forme de raisonnement statistique est hautement contestable. Si deux concurrents lancent des pièces de monnaie pour tirer à pile ou face et en viennent à faire match nul, il est toujours possible de retenir quelques lancers bien choisis et de dire : « Le concurrent numéro deux a beaucoup mieux réussi avec certaines pièces de monnaie que le concurrent numéro un. » En réalité, une telle affirmation ne dit rien, elle ne fait que rappeler l'action normale des lois du hasard. Un match nul est un match nul, même s'il y a quelques bons lancers en cours de route.

Ainsi, les résultats médiocres du Prozac dans cette étude suggèrent que ce n'est pas un très bon traitement pour la dépression légère. On obtint de bien meilleurs résultats dans une étude comparable sur le millepertuis comme traitement de la dépression légère[34]. Lors d'une expérience effectuée auprès de 105 patients, dont les résultats au HAM-D tournaient autour de 16 points, on donna aux participants soit du millepertuis soit des placebos. Les patients recevant du millepertuis réalisèrent une amélioration en moyenne presque deux fois plus grande que ceux qui prenaient des placebos.

Ces résultats laissent entrevoir que, comparativement au Prozac, le millepertuis est efficace pour un plus large spectre de patients légèrement dépressifs. Cette comparaison ne peut toutefois être considérée comme rigoureuse sur le plan scientifique, parce que les patients prenant du millepertuis n'étaient pas semblables à ceux de l'étude sur le Prozac. Une des différences tenait au fait que les patients prenant du millepertuis étaient choisis sur la base de définitions de la dépression plus anciennes et moins strictes que les critères relativement rigoureux du DSM utilisés par les chercheurs de l'étude sur le Prozac. De plus, une expérience fut réalisée en Allemagne et l'autre, aux États-Unis. De nombreuses différences culturelles et démographiques peuvent donc embrouiller les résultats.

Dans une autre grande étude, on recruta un total de 416 patients dont les résultats moyens au HAM-D étaient d'environ 13 points[35]. On donna aux patients soit du Zoloft, soit de l'imipramine, soit des placebos. Les groupes ayant reçu du Zoloft et de l'imipramine réagirent bien au traitement sur le plan statistique, et les résultats étaient assez semblables à ceux atteints avec le millepertuis dans l'étude précédemment décrite.

Cependant, une fois encore, les différences entre les groupes de patients affaiblissent aussi cette étude comparative. La situation est semblable à celle des coureurs de différents pays qui établissent des records dans leur propre pays, sous différentes conditions de climat, d'altitude et de terrain. Ces nombreux facteurs subtils font qu'il est impossible de comparer leur vitesse avec précision. Mais ce dont on *peut* être certain en ce qui concerne le traitement de la dépression légère, c'est que le millepertuis est un réel concurrent.

Il est plus difficile de trouver des études sur les drogues comparables à celles qui ont été réalisées avec le millepertuis chez des patients dont la dépression est *moyenne*. Alors que la plupart des recherches sur le millepertuis ont été réalisées sur des patients moyennement dépressifs, la compagnie Eli Lilly fut incapable de me montrer la moindre étude évaluant le Prozac sur un tel groupe. Le mieux que je sois arrivé à faire fut de trouver une étude évaluant des patients dont le niveau de dépression était moyen et à qui l'on avait donné soit des placebos soit un médicament tricyclique appelé désipramine[36]. Les résultats démontrèrent un taux de réussite de 55 p. 100.

Ces chiffres correspondent exactement au rendement global du millepertuis quand on combine les résultats de toutes les études sur l'herbe[37]. Ainsi, que ce soit pour les dépressions faibles ou moyennes, le millepertuis semble à tout le moins comparable en gros aux traitements à base de drogues.

Le millepertuis n'a pas été étudié chez des patients dont la dépression était majeure (avec des résultats HAM-D de 25 points ou plus). Ceci reflète l'impression, répandue parmi les praticiens qui prescrivent du millepertuis, que l'herbe n'est pas efficace pour les personnes dont la dépression est majeure.

Ce que disent les cliniciens

La recherche que je viens de décrire, tout en étant suggestive, est loin d'être définitive. Pour étoffer l'image des mérites respectifs du millepertuis et des différents médicaments, voyons ce que pensent les médecins qui sont familiers avec l'herbe.

Dans sa monographie officielle sur le sujet, le docteur Rudolf Weiss dit : « Le pouvoir antidépresseur [du millepertuis] n'est pas aussi univoque et violent que celui des antidépresseurs synthétiques modernes[38]. »

Ce point de vue est partagé par d'autres cliniciens qui utilisent le millepertuis. Le docteur John Motl, un psychiatre très au courant des traitements alternatifs, m'affirma que le millepertuis avait des effets plus doux que le Prozac. « Je ne m'en servirais pas pour des dépressions majeures, dit-il. Mais pour des dépressions légères ou moyennes, il peut être très utile. »

Ma propre expérience me pousse à en dire autant. J'ai vu de nombreux patients atteints de dépression profonde tenter de se soigner eux-mêmes, mais sans succès. Dans chaque cas, les antidépresseurs chimiques s'avéraient plus efficaces.

Même si le millepertuis est plus faible que les traitements à base de drogues dans les cas de dépression profonde, cela ne veut pas dire qu'il soit moins efficace quand on le compare pour les dépressions légères ou moyennes. Les études décrites dans la section précédente semblent suggérer que, *grosso modo*, les bienfaits se valent.

De nombreux médecins croient cependant que même pour les dépressions légères ou moyennes, les drogues sont plus puissantes que le millepertuis. Telle n'est pas l'impression de Scott Shannon, le psychiatre du Colorado dont j'ai parlé dans le chapitre précédent. « Les drogues sont habituellement plus fortes, mais j'essaie fréquemment le millepertuis, surtout à cause de son meilleur profil sur le plan des effets secondaires », dit -il.

Selon ma propre expérience, le Prozac et les médicaments similaires sont un peu plus puissants que le millepertuis pour traiter les dépressions légères ou moyennes. Les patients qui essaient les médicaments antidépresseurs semblent plus souvent rapporter des résultats spectaculaires que ceux qui utilisent l'herbe. Toutefois, je ne me fie même pas totalement à mes propres impressions. Peut-être sommes-nous tous sous l'influence du pouvoir de suggestion.

Mes propres évaluations peuvent avoir été inconsciemment affectées par l'engouement des médias pour le Prozac. Serait-il possible que moi, Scott Shannon et d'autres membres du corps médical attendions tous des résultats supérieurs avec les traitements médicamenteux et que, par conséquent, nous transmettions cette confiance à nos patients quand nous leur prescrivons des médicaments? Ce même préjugé ne pourrait-il pas biaiser notre jugement quand nous évaluons spontanément l'amélioration de nos patients? Je n'en sais trop rien.

La dépression légère et moyenne est une maladie tellement nébuleuse et subjective qu'elle laisse largement la possibilité au pouvoir de suggestion d'agir sur les médecins comme sur les patients. L'ensemble de la situation est énigmatique. Certains patients peuvent être sensibles à la réputation du Prozac et ressentir des résultats particulièrement positifs parce qu'ils s'attendent à les ressentir. L'effet peut toutefois aller dans l'autre sens aussi. Certains de mes patients ne font pas confiance aux médicaments, par principe, et détestent à prime abord admettre qu'ils pourraient en tirer le moindre bénéfice. Comme ils sont beaucoup plus à l'aise avec les produits d'herboristerie, ce préjugé peut très bien affecter leur réaction au traitement.

Peut-être est-ce la raison pour laquelle le millepertuis est l'antidépresseur préféré en Allemagne. Là-bas, l'attitude des médecins et des patients est fortement favorable à l'usage de traitements d'herboristerie et les gens sont moins impressionnés par le pouvoir des drogues. Le millepertuis peut jouir d'un effet positif, à cause d'un préjugé favorable, exactement comme le Prozac en Amérique.

Des chercheurs du domaine médical ont mis au point les essais à double insu afin d'éliminer les effets de suggestion. Si la véritable identité du traitement ou du placebo est cachée aussi bien aux médecins qu'aux patients, les résultats doivent être plus fiables. Quand il est question d'antidépresseurs chimiques, toutefois, les précautions habituelles peuvent ne pas suffire. Comme je l'ai déjà expliqué, l'évidence des effets secondaires liés aux drogues peut «trahir le secret» et permettre aux patients et aux médecins de distinguer le médicament du placebo.

Au chapitre 4, nous discutions en partie de la confusion potentielle qui peut survenir quand on trahit le principe du double insu. Les psychologues Roger Greenburg et Seymour Fisher explorent plus avant l'ampleur de cet effet dans un article où ils tentent d'évaluer la véritable efficacité du Prozac[39]. Ils disent que tous les essais en double aveugle devraient tenir compte des effets secondaires des médicaments et de leur influence sur les résultats. Mais ils ne suggèrent aucune façon concluante d'y arriver.

En plus de contribuer à faire savoir aux patients s'ils prennent des drogues ou des placebos, les effets secondaires viennent encore une fois tout bouleverser en transformant les drogues en « placebos actifs ». Ce terme réfère au phénomène suivant. Quand un médicament produit des symptômes démontrables, même s'ils sont désagréables, cela peut rehausser son pouvoir de suggestion. Vous pourriez vous dire : « Comme j'ai la bouche sèche et des palpitations cardiaques, je sais que je prends un médicament puissant. » Certaines autorités ont recommandé de cesser d'utiliser des pilules de sucre comme placebos et de les remplacer par des médicaments comme des antihistaminiques pour contrebalancer cette forme particulière d'effet placebo.

Cette technique ne convient cependant pas bien au millepertuis. Cette plante est si douce que vous en viendriez sans doute à la conclusion qu'elle n'a aucun effet. C'est précisément ce qui est arrivé dans le cas de ma patiente, Françoise, présentée au début du chapitre 5. Françoise était absolument convaincue que le millepertuis ne fonctionnait pas chez elle, car elle ne se sentait pas moche quand elle en prenait. Cette impression l'avait vraiment empêchée de prendre conscience des avantages indéniables qu'elle tirait de la plante.

Enfin, la nature particulière des effets secondaires peut influencer ce que l'on perçoit de l'efficacité d'un traitement. Ainsi, le fait que le Prozac soit accompagné d'un effet de stimulation est très utile, car cet effet peut donner l'impression que la dépression est guérie. Tous les stimulants peuvent rehausser temporairement l'énergie, y compris une tasse de café ou une tablette de chocolat. De la même façon, les effets stimulants du Prozac peuvent créer l'illusion que la personne va mieux et augmenter l'effet placebo.

Dans les paragraphes précédents, j'ai listé au moins six des formes que peut prendre le pouvoir de suggestion. Toutes ces formes peuvent jouer un rôle dans le fait que l'on se trompe en évaluant l'efficacité relative du millepertuis et des antidépresseurs chimiques. Des recherches plus approfondies démontrent que, pour les dépressions légères ou moyennes, le millepertuis est en réalité aussi puissant que toutes les drogues — *si* l'on oublie les effets inégaux de la suggestion.

Il ne fait aucun doute que certains patients réagissent vraiment mieux au millepertuis qu'aux traitements médicamenteux. J'ai mentionné deux de ces cas dans le chapitre 5. Pendant que je travaillais au présent chapitre, une femme de 60 ans vint à mon bureau et me raconta une troisième histoire du même acabit. Le millepertuis s'était avéré plus efficace pour elle que le Prozac, l'Effexor et les IMAO. Je ne serais pas étonné de voir plusieurs autres cas semblables à l'avenir. Outre la question de la suggestion, le millepertuis s'est vraiment avéré efficace comme traitement des dépressions légères ou moyennes. À cet effet, il reste à voir s'il est légèrement *moins* puissant, *également* puissant ou peut-être même *plus* puissant que les drogues médicamenteuses.

Comparons les effets secondaires

Dans presque toutes les études sur le millepertuis, l'incidence des effets secondaires est extrêmement faible. Comme je le décrivais dans le chapitre précédent, une expérience effectuée sur 3 250 patients à qui l'on avait donné du millepertuis rapportait que ceux-ci avaient subi des effets secondaires dans une proportion de seulement 2,4 p. 100[40]. Le problème le plus souvent rencontré était d'abord des douleurs à l'estomac (0,6 p. 100) et ensuite, des réactions allergiques (0,5 p. 100) et de la fatigue (0,4 p. 100).

Cette vaste étude n'était pas effectuée à double insu. Lorsque nous réunissons toutes les expériences à double insu comparant le millepertuis à des placebos, nous observons une incidence d'effets secondaires attribués au millepertuis de 4,1 p. 100[41]. Ce résultat est encore loin derrière l'incidence d'effets secondaires attribués aux antidépresseurs chimiques.

Les antidépresseurs tricycliques produisent des effets secondaires chez presque tous ceux qui en prennent. Les nouveaux antidépresseurs valent mieux à cet égard, mais ils sont encore beaucoup plus susceptibles de provoquer des effets secondaires que le millepertuis. Selon le PDR de 1997, de 10 à 15 p. 100 des patients prenant du Prozac deviennent si anxieux, si nerveux ou ils souffrent tellement d'insomnie qu'ils se voient forcés d'arrêter de prendre ce médicament. L'incidence d'effets secondaires sur le plan sexuel peut s'élever jusqu'à 30 p. 100 ou plus[42]. Une étude allemande démontra que, dans l'ensemble, le taux d'effets secondaires du Prozac atteignait environ 19 p. 100, ce qui correspond à un taux entre 5 et 8 fois plus élevé que le taux attribué au millepertuis[43]. Ces données précises peuvent être particulièrement importantes parce que, comme le disent les études sur le millepertuis, elles font appel à des observateurs et à des patients allemands, par conséquent on compare ici des pommes avec des pommes.

Une autre manière de voir la question consiste à examiner le taux d'abandon du médicament à cause des effets secondaires. Environ 31 p. 100 des patients à qui l'on donnait des antidépresseurs tricycliques cessèrent d'en prendre à cause des effets secondaires[44]. Le nombre semble être quelque peu inférieur avec le Prozac, peut-être autour de 17 p. 100[45], bien que les chiffres exacts restent matière à controverse. En comparaison, seulement 1,5 p. 100 des patients prenant du millepertuis abandonnèrent l'expérience à cause d'effets secondaires, selon l'étude sur les médicaments effectuée sur 3 250 patients et mentionnée plus haut dans le texte.

Ces différences contrastantes dans les effets secondaires encouragent fortement à essayer le millepertuis avant de s'en remettre aux drogues. La fréquence de 19 p. 100 d'effets secondaires causés par le Prozac représente un immense lot de souffrance, si l'on tient compte des millions de personnes qui prennent de ce médicament. Cette souffrance serait considérablement réduite si le millepertuis était plus largement utilisé.

Une curieuse différence

En ce qui concerne les effets secondaires du millepertuis, les chiffres cités ici proviennent des résultats combinés de l'étude sur l'effet des drogues réalisée sur 3 250 patients et des études sur l'effet comparé du millepertuis et des placebos. Quelques études rapportent cependant des pourcentages d'effets secondaires beaucoup plus élevés. L'origine de ces résultats contradictoires constitue encore une fois un exemple fascinant de l'effet placebo.

Dans l'étude comparant le millepertuis et l'imipramine, et dont nous avons parlé plus tôt, un gros 12 p. 100 des patients prenant du millepertuis rapportèrent des effets secondaires, les plus fréquents d'entre eux étant la sécheresse buccale et des vertiges[46]. C'est là une incidence au moins 3 fois plus élevée que celle rapportée dans d'autres études, et ces chiffres sont étonnamment proches des 16 p. 100 de patients ayant souffert d'effets secondaires après avoir pris de faibles doses d'imipramine. Il est important de noter aussi que la sécheresse buccale et les vertiges faisaient également partie des principaux effets secondaires de l'imipramine.

Voici un autre fait significatif: alors que les chiffres étaient proches, l'intensité perçue des effets secondaires était assez différente chez ceux qui prenaient de l'herbe plutôt que le médicament. Presque tous les patients prenant du millepertuis déclarèrent que leurs effets secondaires étaient faibles, alors que parmi ceux qui prenaient de faibles doses d'imipramine, 7 patients sur 22 se plaignirent d'effets secondaires moyens ou graves.

On peut néanmoins se demander pourquoi ces effets secondaires liés au millepertuis sont même tout simplement apparus? La sécheresse buccale n'était même pas un problème lors de l'expérience des 3 250 patients, et les vertiges n'ont été mentionnés qu'à un taux très faible de 0,15 p. 100. Pourquoi la sécheresse buccale et les vertiges apparaîtraient soudain dans des proportions si élevées quand le millepertuis est comparé à l'imipramine? Ce changement bizarre mérite une explication.

Heureusement, elle n'est pas difficile à trouver. L'imipramine est une drogue bien connue pour provoquer la sécheresse de la bouche et les vertiges. Quand on en prend à pleines doses, ce médicament assèche la bouche de presque tous les gens et cause des vertiges dans une grande proportion. Ce dont nous sommes probablement témoin ici, c'est une sorte d'effet d'illusion provoqué par la suggestion. Lors d'une comparaison en double aveugle entre un médicament et une herbe, les patients pensent qu'ils prennent le médicament et développent ainsi certains des effets secondaires auxquels ils s'attendent de ce médicament — même quand ils n'en prennent pas.

On peut trouver une confirmation de cette explication dans les études sur la drogue comparée à des placebos. Les patients à qui l'on donne des placebos développent en général des effets secondaires dans des proportions étonnantes quand ils croient qu'ils prennent en réalité une drogue. Par exemple, dans l'étude citée précédemment sur le Zoloft, l'imipramine et le placebo, 17 p. 100 des patients prenant un placebo rapportèrent avoir la bouche sèche et 16 p. 100, des vertiges[47]. Le même effet d'illusion est en cause ici.

Ainsi, les fortes proportions d'effets secondaires rapportées dans les tests comparant le millepertuis aux médicaments sont probablement gonflés artificiellement. Le taux de 2,4 à 4,1 p. 100 découvert dans toutes les autres études risque d'être plus fidèle à la réalité.

La sécurité

Il y a une importante différence entre la question des effets secondaires et celle de la sécurité. L'une réfère à des problèmes ennuyeux, l'autre à des risques de dommages sérieux ou même de décès. Par exemple, les IMAO peuvent vous causer de l'insomnie comme effet secondaire, mais en revanche, si vous mangez les aliments contre-indiqués tout en prenant ces inhibiteurs, vous pouvez en mourir. De la même façon, il est presque certain que les médicaments tricy-cliques vous assécheront la bouche. Toutefois, si vous prenez à peine plus que quatre fois la dose recommandée, vous pouvez vous retrouver à l'hôpital avec des convulsions, des douleurs cardiaques, une pression sanguine dangereusement faible ou même tomber dans le coma. Plusieurs patients déprimés à qui l'on avait prescrit des tricycliques s'en sont servis pour se suicider.

La famille de médicaments dont fait partie le Prozac est beaucoup plus sûre que les IMAO ou les tricycliques. Des patients ont pris jusqu'à 100 capsules à la fois sans obtenir de résultats pires que de l'agitation et des vomissements (bien qu'il y ait eu quelques rapports de dommages plus graves). Cet élément de sécurité était largement mis de l'avant au cours des premières campagnes de publicité sur le Prozac. Comme le disait un représentant commercial pour recommander son produit : « Si cela ne marche pas, votre patient ne pourra pas se tuer avec cela. »

Le millepertuis est également assez inoffensif. Bien que plusieurs millions de personnes en aient pris en Allemagne, on n'a enregistré aucun effet contraire sérieux. Les études où l'on faisait mention d'examens médicaux et de tests sanguins en série n'ont jamais rapporté aucun effet mesurable[48]. La photosensibilisation et les effets secondaires du type IMAO sont quelquefois mentionnés comme des dangers, mais comme nous l'avons dit dans le chapitre précédent, cette deuxième éventualité n'existe pas du tout et la première ne survient qu'avec des doses beaucoup plus élevées que ce que l'on prescrit normalement.

Ainsi, des affirmations fermes au sujet de la sécurité à long terme ne peuvent être faites ni pour le millepertuis ni pour aucun antidépresseur pharmaceutique. Dans le chapitre 4, j'ai expliqué comment une telle affirmation exigerait des études difficiles à réaliser, car il faudrait y consacrer des années et des années. J'ai également parlé d'un problème particulier en ce qui concerne le Prozac : ce médicament pourrait provoquer des dommages à long terme semblables à ceux de la dyskinésie tardive, ce désordre affligeant et permanent qui survient chez certaines personnes prenant des médicaments contre la schizophrénie.

Bien que cette menace reste hypothétique, Scott Shannon croit qu'il s'agit d'une réalité suffisamment menaçante pour qu'on limite l'usage du Prozac dans les cas de dépression légère ou moyenne. « Je crois qu'il nous faut être extrêmement prudents en prescrivant des médicaments qui jouent de façon spectaculaire avec la chimie du cerveau, dit-il. Nous ne connaissons pas toutes les ramifications. Je n'aimerais pas donner du Prozac à quelqu'un qui souffre d'une dépression légère, ou même moyenne, et m'apercevoir par la suite que je lui ai causé à long terme un tort quelconque. »

Bien sûr, le millepertuis aussi pourrait causer du tort à long terme. Mais comme il ne produit pas d'effets aussi spectaculaires que le Prozac dans la chimie du cerveau, il est raisonnable de croire que l'herbe est sans doute relativement plus sûre lorsqu'elle est prise sur une longue période de temps.

La sécurité psychologique

Avec l'usage des antidépresseurs, il existe un autre problème de sécurité, et celui-ci concerne les dangers psychologiques plutôt que physiques. On parle rarement de ce genre de dommages potentiels liés à l'usage du Prozac et d'autres médicaments antidépresseurs, mais d'une certaine façon, cela peut poser un problème aussi sérieux qu'une toxicité purement chimique.

Ceux qui dépendent du Prozac pour se sentir bien sur le plan psychologique peuvent ressentir une distorsion de leur propre image, distorsion subtile mais dangereuse. « J'ai besoin de médicaments pour être normal», chante de façon tacite le vieux refrain et c'est là un message dommageable, qui peut causer des torts réels. Les enfants à qui l'on prescrit du Prozac sont sans doute les plus susceptibles de souffrir de ce mal subtil parce que leur identité est en train de se développer et ils peuvent intégrer de façon permanente cette impression de dépendre d'une substance artificielle.

En revanche, le millepertuis transmet un message complètement différent et beaucoup plus sain. Sur le plan psychologique, on a plus l'impression qu'il s'agit d'un aliment que d'une drogue; il s'agit d'une plante naturelle plutôt que de produits chimiques de synthèse. Cet aspect affectif est habituellement méprisé par les médecins, qui ont de la difficulté à reconnaître le problème parce que leur profession les rend parfaitement à l'aise avec les médicaments.

De plus en plus, on offre du Prozac à des enfants légèrement déprimés. Mais si l'on tient compte des dangers mentionnés, je me demande s'il vaut toujours la peine de courir ce risque. Une dépendance chronique à une drogue peut provoquer des dommages psychologiques dépassant largement les bienfaits liés au soulagement de la dépression. S'il n'y avait pas d'autre choix que le Prozac, les médecins et les parents pourraient juger qu'il est justifié de courir ce risque. Toutefois, comme le millepertuis représente une solution efficace et plus saine sur le plan psychologique, c'est peut-être là une option préférable. (Veuillez noter que ni le Prozac ni le millepertuis n'ont été pleinement évalués pour leurs avantages quant au traitement des enfants.)

Le millepertuis produit-il exactement les mêmes effets sur la dépression que les médicaments antidépresseurs ?

Il y a également un autre niveau de réalité que l'on devrait prendre en considération lorsque l'on compare le millepertuis aux antidépresseurs chimiques. Parmi tous les critères d'évaluation objectifs et les valeurs qui servent de base au test HAM-D, la nature intrinsèque de la dépression et sa guérison englobent plusieurs expériences indéfinissables qui pourraient avoir leur importance. La douleur affective va au-delà de la conception de vulgaires échelles d'évaluation. C'est un peu comme si l'on essayait de mesurer l'étendue d'une belle personnalité ou la profondeur de l'affection chez quelqu'un.

C'est là un monde qui échappe à la science et qui entre dans le champ de la littérature et de la poésie. Alors qu'un écrivain peut remplir des centaines de pages à décrire les détails de la vie intérieure d'une personne et continuer à sentir que son personnage lui échappe, que dire d'un test en 17 points comme celui du HAM-D ? Il ne peut pas y arriver, loin de là.

De la même façon, même si deux antidépresseurs modifient la dépression dans une certaine mesure qui correspond à deux résultats à peu près semblables, leurs effets respectifs peuvent être en réalité très différents. Peter Kramer parle de différentes couches, ou profondeurs de dépression, certaines d'entre elles semblant être « touchées » par les médicaments tricycliques, d'autres semblant plus accessibles au Prozac. Le millepertuis peut sans doute toucher des aspects de l'esprit qui lui sont propres.

En réalité, chaque médicament antidépresseur produit sans doute ses propres effets caractéristiques sur la dépression : et si le langage pouvait facilement décrire ces différences, il y aurait plus de gens pour en parler. Les meilleures descriptions que j'aie entendues me viennent de deux patients particulièrement expressifs. Leur facilité de communication m'ont permis de mieux voir, en bref, ces distinctions largement méconnues.

« Avec le Prozac, on dirait qu'il y a en moi un bouton qui s'allume, le bouton de la "communication" », dit Caroline, une rédactrice à la pige de 40 ans. « Je m'aperçois que je me mets à parler aux gens avec assurance, de façon plus sûre et plus ambitieuse, presque sans même m'en apercevoir. C'est comme si le Prozac poussait un commutateur et faisait de moi une extravertie. J'aime bien ne pas être dépressive, mais je ne veux pas tout le temps avoir l'impression que je suis ce que le Prozac a envie de faire de moi. »

Caroline a essayé d'autres antidépresseurs et elle les évalue différemment. « Le Wellbutrin n'allume pas le bouton de la communication. Au lieu de cela, il remonte le mécanisme des "contrastes", ce qui rend mon esprit plus clair. Je peux penser avec plus de clairvoyance, mieux m'organiser et faire plus de choses. Je deviens un bourreau de travail très efficace au lieu d'un vigoureux animal de partys. Avec le Wellbutrin, *j'aime* nettoyer la maison, ce qui n'est pas peu dire. Toutefois, mes sentiments semblent relégués bien loin au fond de la cour arrière. »

Elle a aussi pris du Serzone. « Alors ça, c'est une médication tout à fait différente. Cela me rend d'humeur lunatique, je deviens rêveuse et langoureuse. Mon humeur lunatique est joyeuse et mes rêves sont intéressants. Je me sens cependant tellement rêveuse que je ne peux pas parler aux gens ni faire quoi que ce soit. »

Caroline classe le millepertuis dans une catégorie à part. « Ce que le millepertuis fait, c'est qu'il me remplit d'entrain, je deviens ce qu'on a l'habitude d'appeler un tempérament sanguin. Je n'ai pas de soucis, je me sens brillante et même un peu euphorique. Le millepertuis ne me rend pas aussi confiante que le Prozac, pas aussi organisée que le Wellbutrin ni aussi rêveuse que le Serzone, mais je me sens plus normale. »

Un autre patient, que j'appellerai Julien, dit qu'il trouvait le Prozac très doux. « Cela ne me donne aucun effet secondaire », dit cet employé civil de 56 ans. « Tout ce que je remarque quand j'en prends, c'est que je ne perds plus mon temps à essayer de m'analyser sans cesse. Je prends mes décisions et je les mène à terme sans en faire une obsession. Je me sens plus moi-même quand je prends du Prozac. »

Mais Julien apprécie également le millepertuis. « Je me sens également plus moi-même avec le millepertuis, mais c'est un "moi" différent. L'herbe ne m'empêche pas de tourner et de retourner les choses dans ma tête, comme le fait le Prozac, mais j'arrive à ne pas laisser ces pensées m'embrouiller l'esprit. On pourrait présenter ça de cette façon : avec le Prozac, je m'associe aux grands tireurs d'élite du Far-West, à la John Wayne, alors qu'avec le millepertuis, je m'associe plutôt à un type comme Gregory Peck. Vous savez, le genre calme, réfléchi. Je ne sais pas vraiment ce que je préfère. »

Ce type d'analyses intelligentes fait partie d'une réflexion plus large sur la nature de la personnalité et la question de savoir s'il est pertinent ou non de faire appel à des substances pour la modifier. Certes, il n'y a aucune raison de croire qu'une autre personne réagira aux antidépresseurs tout à fait de la même façon que Caroline ou Julien l'ont fait. En mentionnant leurs descriptions, mon propos n'est pas de vous dicter ce que vous devez ressentir, mais simplement de montrer qu'il y a plusieurs détails personnels qui peuvent compter dans la balance.

CHAPITRE HUIT

Le millepertuis vous convient-il ?

> · Une liste des symptômes à surveiller
> · D'autres indications sur le millepertuis
> · Où l'usage du millepertuis est déconseillé

Chez les patients qui voient des médecins de famille, la dépression est beaucoup plus courante que l'excès de pression sanguine, selon au moins une étude[49]. La dépression est une maladie fréquente et sous-traitée. Chaque année, au moins 15 millions d'Américains souffrent de dépression majeure, et ils sont sans doute encore plus nombreux ceux et celles qui ressentent les symptômes chroniques d'une dépression légère ou moyenne. La dépression coûte à la société des dizaines de milliards de dollars. En plus d'entraîner des coûts directs sur les soins de santé, les gens dépressifs s'absentent plus souvent du travail que le reste de la population et souffrent cinq fois plus souvent d'invalidité[50].

Plus grave que n'importe quel montant d'argent, toutefois, il y a le fait que la dépression provoque un épouvantable lot de souffrance humaine. Selon une étude, la perte de bien-être et des capacités physiques provoquée par la dépression dépasse en général les effets néfastes du diabète, des maux de dos et de l'arthrite[51]. La dépression diminue la capacité de jouir de la vie, compromet l'éducation des enfants, entrave les relations sociales, nuit à de saines habitudes de vie et freine le succès dans les carrières.

De plus, les symptômes vagues de la dépression entraînent souvent de nombreux et douloureux tests et examens médicaux.

Il n'est pas question de remettre en cause le fait que le Prozac et les autres antidépresseurs aient amélioré la vie de nombreuses personnes dépressives. Mais la crainte des effets secondaires de ces médicaments en a éloigné plus d'un.

Pour des millions de gens, la capacité du millepertuis de traiter les symptômes de la dépression légère et moyenne tout en évitant les effets secondaires en fait un choix sans doute supérieur à celui des drogues classiques. Toutefois, malgré son usage depuis longtemps instauré en Allemagne, précisément pour cette raison, il reste qu'aux États-Unis la plupart des gens ne savent pas si le millepertuis représente pour eux une solution convenable.

L'histoire de Marie illustre cette situation courante. Quand elle vint me voir cette année, voici ce qu'elle me dit d'abord : «Mon médecin veut me mettre sur le Prozac. Selon lui, si je suis tout le temps fatiguée c'est que je suis dépressive. Je pensais que je faisais de l'anémie, mais il dit que non. »

À partir de ce que je savais de Marie, je fus d'accord avec son médecin. Sa meilleure amie m'avait téléphoné juste avant le rendez-vous. «Marie est toujours triste, épuisée et inquiète, avait-elle dit. Elle ne mange pas bien et même si les médecins ne lui trouvent rien, elle se plaint toujours de quelque chose qui va mal. Elle se débrouille bien et elle n'est absolument pas suicidaire, mais on ne peut pas dire qu'elle retire beaucoup de plaisir de la vie. »

Marie paraissait beaucoup plus vieille que ses 52 ans. L'épuisement était inscrit sur son visage ; et après avoir passé un certain temps à la regarder, j'eus moi-même envie d'aller piquer un somme. Même si j'étais d'accord avec son médecin de famille qui lui avait dit que le Prozac lui ferait probablement du bien, Marie ne voulait pas en prendre. Elle avait déjà eu plusieurs mauvaises expériences avec les médicaments. «On dirait que je réagis toujours mal aux médicaments, dit-elle. Je fais de l'urticaire, j'ai des maux d'estomac et des maux de tête dans des circonstances où les autres n'ont rien. Je pense que je suis trop sensible. Mais je me demande si je ne pourrais pas prendre plutôt du millepertuis. »

Elle avait également soulevé la question avec l'autre médecin. Celui-ci lui avait répondu qu'il était ouvert à l'idée, mais il avait avoué ne pas y connaître grand-chose. Je demandai à Marie plus de détails sur ses symptômes et j'en vins rapidement à la conclusion qu'elle était une candidate idéale pour le traitement au millepertuis. Elle réagit même mieux que je ne l'avais espéré. Après trois mois, elle semblait avoir rajeuni de 10 ans.

Marie était une bonne candidate pour le millepertuis parce que ses symptômes correspondaient à la description de la dépression légère ou moyenne. Le fait qu'elle manque d'énergie, qu'elle soit fatiguée, que son sommeil soit troublé, qu'elle manque d'appétit, qu'elle souffre d'anxiété ainsi que d'une multitude de petits malaises physiques, tous ces symptômes témoignaient d'une dépression chronique classique. Mais pour différentes raisons, elle n'avait pas l'air de souffrir d'une dépression majeure : elle réussissait bien dans la vie, elle n'était pas suicidaire et le premier médecin qui avait pris soin d'elle n'avait fait que lui suggérer de prendre du Prozac, sans insister. Ainsi, le millepertuis lui convenait tout à fait.

Comme je l'ai mentionné au chapitre 2, la dysthymie correspond au diagnostic psychologique qui s'approche le plus de ce que j'appelle la dépression légère ou moyenne. La dysthymie a une définition officielle, et j'ai préparé ici une liste récapitulative (voir tableau 8-1) fondée en gros sur cette définition, mais légèrement modifiée pour attirer l'attention sur les symptômes pour lesquels le millepertuis semble le plus souvent efficace.

Si vous ne souffrez pas de dépression majeure, mais que vous vous reconnaissez dans ce questionnaire, il vaut sans doute la peine que vous tentiez de prendre du millepertuis. Bien sûr, il n'est pas garanti que cela fonctionnera pour vous. Il n'y a aucun traitement qui fonctionne à tout coup. Cependant, vos chances d'obtenir de bons résultats avec le millepertuis vont de 50 à 75 p. 100.

Dans le reste du présent chapitre, vous trouverez des explications détaillées sur les questions de la liste qui suit, pour bien distinguer les symptômes accompagnant la dépression légère et moyenne des symptômes qui accompagnent la dépression majeure. De plus, on y abordera quelques indications supplémentaires sur le millepertuis et nous reviendrons sur ces situations où le millepertuis n'est absolument pas un traitement approprié.

Tableau 8-1
**Liste récapitulative des symptômes de
la dépression légère ou moyenne**

Premier critère :
❑ *Vous sentez-vous constamment d'humeur morose ?*
ou (surtout pour les enfants et les adolescents)
❑ *Êtes-vous particulièrement irritable ?*

Et deux ou plus des symptômes secondaires suivants :
❑ *Vous sentez-vous constamment fatigué, physiquement ou moralement ?*
❑ *Souffrez-vous d'insomnie ?*
❑ *Vous sentez-vous dépassé ?*
❑ *Êtes-vous souvent angoissé ?*
❑ *Avez-vous de la difficulté à vous concentrer ?*
❑ *Votre dépression nuit-elle à votre appétit ?*
❑ *Ressentez-vous différents petits malaises physiques ?*

Si vous avez dit oui à l'une des deux premières questions de la liste et à deux ou plus des questions suivantes, vous pourriez sans doute tirer profit du millepertuis (dans la mesure où vos symptômes sont légers ou moyens, et non pas sévères).

Le symptôme principal :
Vous êtes d'humeur dépressive ?

L'humeur dépressive se manifeste habituellement sous forme d'impression chronique de tristesse, d'aigreur et de mélancolie, bien que chez certaines personnes, cela se présente plutôt sous la forme de torpeur et d'apathie. Dans les dépressions majeures, ce sentiment est accablant, continu et souvent atrocement douloureux ; mais si votre dépression est légère ou moyenne, votre senti-ment de tristesse ne sera pas aussi intense, vous aurez de bons et de mauvais jours, et la plupart du temps, votre souffrance vous ennuiera plus qu'elle ne vous paralysera.

Le millepertuis remonte le moral efficacement dans les cas de dépression légère ou moyenne. Les patients qui en prennent disent en général se sentir plus vifs, plus enthousiastes et plus capables d'affronter la vie.

En voici un bon exemple : Michel, 43 ans, propriétaire d'un petit commerce. Quand Michel vint me voir la première fois, il me dit qu'il avait des revenus satisfaisants et qu'il passait du bon temps avec sa femme et ses enfants, mais il avait toujours l'im-pression d'avoir un effort à faire. Bien qu'il ait suivi une thérapie pendant plusieurs années, son humeur n'avait pas changé depuis tout ce temps.

« Il y a quelque chose en moi qui me tire toujours vers le bas, dit-il. Chaque soir, sans raison, mon humeur devient sombre et je dois mettre de la musique ou appeler un ami pour que ça s'en aille. Je sais que cela peut arriver à tout le monde, mais cela m'ar-rive pas mal trop souvent à moi. Il me semble qu'il n'y a jamais une journée où je ne dois pas combattre la dépression. »

Je sentis que Michel était un bon candidat pour le milleper-tuis. Il était évident qu'il était dépressif, mais comme ses symp-tômes disparaissaient et revenaient chaque jour, je me suis dit que le niveau de sa dépression n'était pas trop élevé. Je notai éga-lement qu'il était capable de combattre sa morosité en y tra-vaillant. Dans la dépression majeure classique, un tel sentiment est en général plus intense, il envahit la personne et ne s'arrête jamais. Michel se débrouillait bien et, la plupart du temps, il arri-vait à aimer la vie. Je me disais que le millepertuis pourrait sans doute venir facilement à bout de ses symptômes et il s'avéra que j'avais raison.

« Je suis beaucoup moins morose, dit-il après avoir pris de l'herbe pendant deux mois. Mais ne vous y trompez pas, je conti-nue à avoir mes moments sombres. Cependant, les hauts et les bas sont beaucoup plus équilibrés. La vie est devenue plus agréable. »

Michel avait déjà pris du Prozac, mais cela l'avait rendu impuissant. «Cette herbe ne provoque pas de problèmes semblables. Sur ce plan-là, c'est numéro un.»

En fait, on pourrait ranger la dépression de Michel parmi les dépressions les plus légères dans une échelle de léger à moyen. Le millepertuis peut réussir à traiter des dépressions plus graves que celle de Michel. Toutefois, l'herbe a ses limites. Le cas de Lucie est un bon exemple de ce que le millepertuis ne peut pas faire.

Cette commis de grand magasin vint à mon bureau pour avoir du millepertuis, mais elle en sortit avec une prescription de Prozac et une référence pour aller voir un psychiatre.

Lucie fondit en larmes dès qu'elle entra dans mon bureau et ensuite, quand elle me raconta son histoire, je pus mesurer l'ampleur de sa dépression.

«J'essaie de penser de façon positive, dit-elle, mais je me sens si désespérée et sans valeur. J'ai même pensé à prendre le fusil de chasse de mon mari pour me tirer.» Après avoir dit cela, elle éclata en sanglots.

Il ne me fallut pas plus de cinq secondes pour m'apercevoir que le millepertuis ne convenait pas à Lucie. Des pleurs constants, des sentiments accablants de mépris pour elle-même et de culpabilité, et surtout, des pensées fréquentes et réalistes de suicide, tout cela me montraient que sa dépression était trop profonde pour le millepertuis.

J'expliquai à Lucie qu'elle était tombée trop profondément dans la dépression pour que, dans son cas, l'herbe médicinale suffise. «Le millepertuis n'est pas assez puissant, dis-je. Vous avez besoin de quelque chose comme du Prozac et je veux que vous voyiez un psychiatre cet après-midi. Je crains que vous ne vous fassiez du mal autrement.»

Comme c'est le cas pour bien d'autres personnes aux prises avec une dépression majeure, Lucie trouva un soulagement spectaculaire dans les médicaments antidépresseurs et peut-être même la médication lui sauva-t-elle la vie. Quinze pour cent des gens souffrant d'une dépression majeure se suicident. Bien qu'il soit difficile de prouver hors de tout doute que les antidépresseurs réduisent effectivement l'incidence de suicide, il semble assez évident que ce soit le cas. Il est rare qu'un traitement médicamenteux n'arrive pas à produire un soulagement spectaculaire dans les cas de dépression majeure grave et les pensées suicidaires sont souvent l'un des premiers symptômes qui disparaissent.

Bien que le millepertuis soit idéal pour les dépressions légères ou moyennes, un traitement médicamenteux constitue souvent une meilleure solution dans les cas de dépression profonde.

Autre symptôme principal : Vous êtes particulièrement irritable ?

Dans la plupart des cas, le sentiment de déprime est le principal signe qui révèle une dépression légère ou moyenne. Or, il arrive quelquefois que cela soit remplacé par de l'irritabilité ou de l'isolement social. On voit souvent cette variante de la dépression chez les enfants, les adolescents et les gens âgés.

Je me rappelle un garçon de 10 ans qui avait démarré au quart de tour après que ses parents eurent divorcé. Même après un an d'une bonne psychothérapie, ce symptôme ne s'était pas amélioré. Patrick pouvait commencer une construction Lego et le mettre ensuite en pièces dès qu'il se voyait confronté au moindre écueil. Si son petit chien aboyait trop... il hurlait après lui et lui lançait des injures enfantines. De plus, il s'ennuyait avec ses petits amis — même avec ses meilleurs amis — et se retirait dans sa chambre en leur fermant la porte au nez quand ils venaient lui rendre visite. Il ne fallut pas attendre bien longtemps pour que Patrick n'ait plus d'amis.

Rien de tout cela ne lui ressemblait. Patrick avait toujours été un enfant sensible, mais d'humeur égale. Rongé par la culpabilité, ses parents divorcés se demandaient ce qu'ils devaient faire. En fin de compte, un psychiatre qui se spécialisait en médecine parallèle prescrivit du millepertuis pour leur fils, ainsi que quelques autres traitements naturels (nous en parlerons au chapitre 10), et en deux mois, tout avait repris son cours normal.

Comme d'autres antidépresseurs, le millepertuis peut être assez utile quand la dépression prend la forme de l'irritabilité. J'ai obtenu des résultats semblables avec des gens âgés devenus de plus en plus irritables et qui s'étaient retirés après une maladie ou la mort d'un conjoint. C'est un remède particulièrement intéressant pour les gens très jeunes ou très âgés, à cause de son profil à peu près parfait sur le plan des effets secondaires.

Vous ressentez constamment de la fatigue, physiquement ou mentalement ?

Un sentiment général de somnolence, de fatigue et d'épuisement est un symptôme courant de la dépression légère ou moyenne. Il arrive souvent que les gens souffrant de dépression majeure soient même incapables de sortir de leur lit, mais dans la dépression légère ou moyenne, la fatigue est un souci, pas un problème insurmontable. Sans doute vous réveillez-vous fatigué, peut-être trouvez-vous que l'exercice n'arrive pas à vous redonner votre dynamisme et, que ce soit en travaillant ou en vous amusant, toutes vos activités sont probablement entravées par l'impression constante que vous manquez tout simplement d'énergie.

Le millepertuis peut être un dynamisant efficace dans la dépression légère ou moyenne. Il produit souvent une augmentation graduelle mais soutenue de l'énergie physique, mentale et émotionnelle. Comme le disait une patiente : « Avant, je roulais grâce aux vapeurs de gaz, mais maintenant il y a de l'essence dans mon moteur. » Le travail et les distractions peuvent devenir plus faciles et plus agréables si vous avez le souffle suffisant pour vous y adonner avec enthousiasme.

Le millepertuis n'est toutefois pas un stimulant. Ses effets sont très spécifiques : le surplus d'énergie ne survient que chez ceux dont la fatigue est provoquée par une dépression. Son effet dynamisant est également très doux, n'ayant absolument pas le côté tranchant du Prozac. Assurez-vous cependant de ne pas abandonner trop rapidement. L'amélioration peut prendre un mois ou plus avant de se manifester.

Vous souffrez d'insomnie ?

L'insomnie est un symptôme classique de la dépression. Apparemment, la dépression provoquerait directement, dans l'équilibre chimique du cerveau, un dérèglement qui nuit également au sommeil. Habituellement, le traitement réussi de la dépression améliore également le sommeil.

En général, la forme d'insomnie provoquée par la dépression est le réveil précoce. Mais les gens peuvent également avoir de la difficulté à s'endormir et avoir un sommeil agité. Un sommeil inadéquat peut ensuite contribuer à la fatigue, à la mauvaise humeur et aux difficultés à faire face à la vie.

Quelle que soit la forme que prend l'insomnie, le millepertuis peut être bénéfique. Et à cause de son faible taux d'effets secondaires, cette herbe est quelquefois meilleure que les produits chimiques pour traiter les insomnies causées par la dépression. Les médicaments de la famille du Prozac aggravent fréquemment les problèmes d'insomnie et les plus anciens médicaments produisent en général une sédation excessive. Le millepertuis est un antidépresseur « propre » qui n'améliore le sommeil qu'en réglant le problème sous-jacent.

Le millepertuis n'est pas directement un somnifère, car ses résultats prennent plusieurs semaines à se manifester. Pour favoriser le sommeil, des pilules plus puissantes peuvent être nécessaires dans les cas d'insomnie grave.

Vous sentez-vous facilement dépassé ?

Se sentir facilement à bout de nerfs à cause du stress est un autre symptôme de la dépression légère ou moyenne. Ce que les autres trouvent simplement déplaisant peut vous paraître presque impossible à surmonter. Les multiples exigences du monde du travail et de la vie familiale, avec leurs interruptions et leurs irritants, tout cela peut vous paraître écrasant. Si vous étiez dans un état de dépression profonde, ces facteurs vous mineraient réellement, et vous n'arriveriez probablement pas du tout à y faire face.

Dans un état de dépression légère ou moyenne, vous vous arrangez, mais ce n'est qu'au prix d'un travail beaucoup plus ardu que ce qui serait nécessaire en temps normal.

Même si le millepertuis n'est pas une cure miracle, il peut vous donner juste ce qu'il faut de souffle pour rendre les tensions de la vie quotidienne plus faciles à surmonter. Des patients m'ont dit s'être découvert des capacités supplémentaires en réserve et une plus grande habileté à rester calme au milieu de nombreuses situations des plus exigeantes. Et comme l'herbe ne provoque ni anxiété ni sédation, il n'y a rien pour annuler cet avantage direct.

Vous souffrez fréquemment d'angoisse ?

Comme l'insomnie, l'angoisse semble être liée à la dépression à un niveau fondamental, à l'intérieur même des substances chimiques du cerveau. Bien que le lien précis entre les deux symptômes reste incertain, les chercheurs soupçonnent que ce lien existe, car les médicaments antidépresseurs soulagent fréquemment l'anxiété aussi. (C'est là un exemple de ce que veut dire « observer » les médicaments, comme dans *Listening to Prozac*.) Même les médicaments de la famille du Prozac peuvent réduire l'anxiété à long terme bien que souvent, ils commencent par en aggraver les symptômes.

L'anxiété de la dépression légère ou moyenne peut être envahissante, agaçante et continue. Vous vous sentez tout le temps de travers, toujours en train de vous attendre à ce qu'un malheur arrive. Vous avez l'impression d'être incapable de vous détendre comme les autres, et vous aimeriez tout simplement que vos nerfs se calment quelque peu. Ces symptômes sont toutefois moins intenses que ceux de l'anxiété sévère presque paralysante qui peut accompagner la dépression majeure.

Le millepertuis est souvent efficace pour soulager l'anxiété due à la dépression légère ou moyenne. Comme me le disait une patiente : « Je me sens vraiment plus calme. Je peux réfléchir sans paniquer avant de prendre une décision. Les bruits aigus ne me font plus sursauter comme avant, et quand je veux me détendre, j'y arrive. »

Le millepertuis n'est cependant pas un traitement suffisant pour lutter contre l'anxiété sévère. Récemment, un médecin m'appela pour me demander de parler du millepertuis à une de ses patientes. « Elle est très agitée, dit le médecin. Elle arpente la pièce quand elle est dans mon bureau, se réveille en panique au cours de la nuit et son mari dit qu'aux heures de repas, elle fait constamment les cent pas. »

Je suis d'accord pour dire que le millepertuis n'est pas une approche pertinente pour sa patiente. Ce serait trop impalpable et subtil. Elle a probablement besoin d'une médication agissant rapidement. L'anxiété intense exige un traitement plus énergique que le millepertuis. Même pour une anxiété relativement faible, de nombreux praticiens des médecines douces combinent un anxiolytique naturel avec du millepertuis pour renforcer l'efficacité de l'herbe et accélérer son action, comme nous le décrirons au chapitre 10.

Vous avez de la difficulté à vous concentrer ?

Au cours des dernières années, on a intégré au langage courant l'expression *trouble déficitaire de l'attention,* ou *trouble d'hyperactivité avec déficit de l'attention* (THADA), pour désigner un syndrome souvent diagnostiqué de nos jours chez les adultes et les enfants ayant de la difficulté à se concentrer, qui sont faciles à distraire et pour qui il est pénible de classer les tâches par ordre de priorité. Des symptômes semblables peuvent survenir au cours de la dépression.

Les médicaments antidépresseurs soulagent quelquefois de tels problèmes, aussi bien chez ceux qui sont dépressifs que chez ceux qui souffrent d'un trouble déficitaire de l'attention. Malheureusement, il semble que les effets secondaires de ces médicaments vont à l'encontre du but recherché. De nombreux médicaments antidépresseurs entravent la mémoire à court terme, nuisent au processus de la pensée linéaire et font en sorte que, en général, les gens se sentent absents. Comme le millepertuis ne produit aucun de ces effets secondaires embarrassants, il peut représenter un meilleur choix devant les symptômes d'un déficit de l'attention causé par une dépression. Il peut également être utile pour le trouble déficitaire de l'attention en soi.

La dépression nuit à votre appétit ?

La perte de l'appétit est un autre symptôme courant de la dépression qui survient le plus souvent chez les gens âgés, mais dont tout le monde peut souffrir, surtout ceux dont le tempérament est considéré comme anxieux chronique ou hypersensible. Le millepertuis est souvent efficace contre ce symptôme. Il ne stimule pas directement l'appétit et ne provoque pas de prise de poids chez les gens normaux, mais l'herbe normalise souvent les habitudes alimentaires en soulageant la dépression.

Si la perte d'appétit atteint des proportions graves ou s'accompagne de signes inquiétants de dépression sévère, on préférera un traitement pharmaceutique. Il peut aussi être nécessaire de faire appel à un traitement médical pour ouvrir l'appétit et soulager les causes physiques de cette perte d'appétit.

Vous ressentez de nombreux petits malaises physiques ?

Parmi les symptômes classiques de la dépression, on trouve certains malaises multiples, relativement faibles, qui se déplacent d'un point à un autre. Connus techniquement sous le nom de symptômes somatiques, les problèmes que l'on cite le plus souvent sont des maux de tête, des palpitations et des douleurs musculaires qui se déplacent. Selon certains chercheurs, les niveaux de sérotonine peuvent jouer un rôle dans cette affection ; toutefois, le lien exact entre la dépression et l'inconfort physique reste obscur.

Les antidépresseurs pharmaceutiques soulagent quelquefois ces manifestations physiques de la dépression. Une étude réalisée en 1994 montra que le millepertuis pouvait également y arriver[52]. Au cours de cette expérience, 39 patients dont la dépression comprenait des symptômes somatiques étaient traités avec du millepertuis ou des placebos. Même les patients prenant des placebos améliorèrent leur condition (comme d'habitude !), mais ceux à qui l'on avait donné de l'herbe améliorèrent beaucoup plus leur condition.

Une des améliorations les plus spectaculaires concernait les symptômes de douleurs musculaires. Au début de l'étude, huit patients du groupe de millepertuis se plaignaient de malaises et de douleurs généralisées. À la fin, seulement deux continuaient de rapporter ces symptômes. La réaction au placebo fut négligeable : parmi les 12 patients qui s'étaient plaints de douleurs musculaires au début de l'étude, 10 d'entre eux continuaient de se plaindre de symptômes après avoir pris des placebos durant 4 semaines.

Les maux de tête diminuèrent également de façon remarquable dans le groupe de millepertuis, passant de neuf à deux. Les patients à qui l'on avait donné des placebos montrèrent encore une fois une réaction plus faible, passant de 11 à 7. Le millepertuis était beaucoup plus efficace que le placebo pour les palpitations cardiaques, les problèmes de sommeil ainsi que la fatigue.

Quoique cette étude fût modeste, elle suggérait que le millepertuis serait un traitement efficace pour soigner la dépression accompagnée de symptômes somatiques. L'expérience en clinique corrobore ces résultats. Par exemple, je me rappelle une patiente nommée Thiu qui avait été impliquée dans un accident d'automobile relativement mineur, deux ans avant de venir me voir. Elle avait reçu d'excellents soins à la suite de ses blessures, y compris de la physiothérapie et des traitements de chiropractie, de massothérapie et d'ostéopathie. Elle continuait néanmoins de se plaindre d'avoir mal aux épaules, aux bras, aux jambes, aux hanches, au dos et au cou.

Aucun de ses médecins n'arrivait à trouver la moindre solution à ses maux. Ni son médecin de famille, ni le chiropraticien, ni l'ostéopathe, ni le physiothérapeute, ni le massothérapeute ; personne n'arrivait à identifier le moindre problème qui subsisterait pour expliquer ses douleurs. Le chiropraticien finit par conclure qu'elle était dépressive et me la référa pour que je tente de la traiter avec un antidépresseur.

Quand je vis Thiu, je fus immédiatement d'accord avec le diagnostic du chiropraticien. J'abordai le sujet délicatement, toutefois, car un patient qui souffre a rarement le goût de se faire dire :

« tout est dans votre tête ». Je lui demandai d'abord de décrire dans ses propres termes ce qui lui était arrivé.

Thiu expliqua que depuis l'accident, elle n'avait jamais cessé de se sentir fatiguée, anxieuse et triste. « J'étais déjà tendue quand je me suis fait emboutir la voiture, dit-elle, et ça a été la goutte qui a fait déborder le vase. »

Ses réponses à mes questions me convainquirent bientôt que la dépression était à tout le moins un de ses problèmes. Je lui fis part de mes doutes avec autant de tact que je le pouvais, lui faisant remarquer que quiconque ayant été blessé comme elle l'avait été pouvait devenir dépressif. « Et la dépression peut rendre la guérison plus difficile », dis-je pour conclure.

Plutôt à contrecœur, Thiu avoua que cela était possible, mais elle n'était pas favorable aux médicaments. Son médecin de famille le lui avait suggéré des mois auparavant et elle avait refusé. « Je ne veux pas prendre de pilules », dit-elle. Mais lorsqu'elle comprit que je lui suggérais du millepertuis, elle me regarda avec un grand sourire. Elle était tout à fait heureuse d'essayer un herbe naturelle.

Après quatre semaines de traitement au millepertuis, Thiu se sentait immensément mieux. « Je crois que je suis allée voir le chiropraticien environ six mois de trop », dit-elle ; et le chiropraticien acquiesça de bon cœur. Il avait essayé depuis au moins tout ce temps de la convaincre de prendre des antidépresseurs.

Dans le cas de Thiu, la dépression semble avoir joué un grand rôle dans le fait que ses symptômes chroniques demeuraient. Il existe bien d'autres possibilités pour expliquer des douleurs chroniques, bien sûr, y compris des blessures musculaires subtiles, mais la dépression est souvent un facteur aggravant. Pour cette raison, il peut valoir la peine d'essayer le millepertuis dans toutes sortes de circonstances où vous ressentez des douleurs chroniques.

D'autres indications sur le millepertuis

En plus des symptômes figurant plus haut dans le texte, il existe sur le millepertuis quelques autres indications qui pourraient être utiles. En effet, certaines situations ne figurent pas du tout parmi les textes officiels, mais se présentent souvent dans la vraie vie.

Vous avez essayé une psychothérapie mais vous avez atteint un plafond ?

Je crois beaucoup à la valeur de la psychothérapie. Dans mon esprit, un bon thérapeute peut aider à soulager plusieurs problèmes anciens, favoriser la conscience de soi et rendre réceptif à l'idée de transformation. Ses bienfaits peuvent durer le reste de votre vie. Bien sûr, tous les thérapeutes ne sont pas aussi habiles, et la thérapie est quelquefois considérée comme une perte de temps notoire. Mais, plus souvent qu'autrement, la psychothérapie s'avère tout à fait utile, surtout pour la dépression.

Néanmoins, vous pouvez avoir trouvé que la thérapie vous a aidé pendant un certain temps et qu'ensuite cela a arrêté de vous faire du bien. Peut-être sentez-vous qu'il reste en vous un fond de dépression dont l'origine est plus d'ordre biologique que psychologique. Il y a aussi la possibilité que la dépression chronique réduise votre capacité à prendre des tournants dans votre vie. C'est précisément dans de telles circonstances que les antidépresseurs peuvent faire le plus de bien. Et dans plusieurs cas, le millepertuis est peut-être même meilleur que les médicaments.

On vous a déjà prescrit des antidépresseurs pharmaceutiques pour une dépression légère ou moyenne ?

Depuis l'avènement du Prozac, les médecins ont distribué beaucoup de médicaments antidépresseurs aux gens qui souffraient de dépression légère ou moyenne. Si vous faites partie de ces gens, peut-être songez-vous à changer pour le millepertuis afin de réduire les effets secondaires. Il n'y a pas de raison d'accepter de mal vivre votre sexualité ou de faire de l'insomnie simplement parce que vous cherchez à mieux vous sentir. Le millepertuis peut très bien s'avérer tout aussi efficace et beaucoup plus agréable.

Cependant, si vous prenez un médicament pour une dépression majeure, vous devriez y aller prudemment avant de changer votre médication, si jamais vous y songez. Le millepertuis n'est pas assez puissant pour tenir en échec la dépression majeure.

La seule circonstance où le millepertuis peut être approprié dans les cas de dépression majeure, c'est quand vous êtes déjà prêt, de toute façon, à arrêter de prendre des médicaments. Par exemple, disons que votre dernier épisode de dépression profonde a eu lieu il y a plusieurs années, et votre médecin dit que vous pouvez tenter de réduire votre médication. Comme la solution consiste à ne plus rien prendre du tout, le fait d'utiliser du millepertuis pour effectuer une transition ne peut certainement pas nuire.

Néanmoins, si la dépression majeure fait partie de votre histoire personnelle, soyez prudent ! Assurez-vous d'avoir le soutien d'amis et de membres de votre famille, et restez sous la surveillance d'un professionnel. La dépression majeure est une maladie grave.

Où l'usage du millepertuis est déconseillé

Les symptômes alarmants dans la dépression majeure comprennent un désintérêt marqué pour les activités normales, une grande anxiété, de grosses insomnies, de l'agitation prononcée ou une diminution d'énergie, l'impression envahissante de ne pas avoir de valeur, une obsession de culpabilité préoccupante, l'incapacité de faire face à la vie et, plus spécialement, des pensées suicidaires persistantes. Si vous ressentez de tels symptômes, vous faites une erreur en choisissant le millepertuis. Cette plante est trop douce et ses effets, trop graduels. Dans de tels cas, je recommande de prendre des médicaments, et vite.

Le millepertuis est également mal choisi comme traitement pour les symptômes obsessionnels et compulsifs, ou pour des dépressions aux caractéristiques psychotiques (comme des hallucinations et du délire). Enfin, ne prenez pas de millepertuis pour des symptômes de base, comme de la fatigue, sans d'abord aller passer un bon examen médical pour exclure la possibilité de toute maladie sous-jacente.

Si vos symptômes de dépression sont ennuyeux mais tolérables, et s'ils ne sont pas causés par une maladie physiologique sous-jacente, alors le millepertuis peut très bien devenir pour vous un premier choix idéal.

CHAPITRE NEUF

Consulter en médecine
« classique » ou « parallèle »

- · Consulter des médecins
- · Pourquoi les médecins sont si souvent contre les herbes
- · Pourquoi les organismes gouvernementaux ne reconnaissent pas les herbes comme médicaments
- · Comment intéresser votre médecin au millepertuis
- · Les ostéopathes
- · Les praticiens des médecines douces

À plusieurs endroits dans le présent livre, nous avons mis l'accent sur les dangers liés à la dépression majeure et sur la nécessité de faire appel à des traitements médicaux classiques quand les symptômes dépassent un certain seuil d'intensité. J'ai aussi attiré l'attention sur le fait qu'il est souvent essentiel de subir des examens médicaux minutieux pour écarter toute possibilité de maladies physiologiques qui prendraient la forme des symptômes de la dépression. Pour toutes ces raisons, un médecin bien informé constitue un partenaire idéal pour aider les gens qui ont envie de prendre du millepertuis pour combattre leur dépression.

Malheureusement, peu de médecins connaissent le millepertuis, et plusieurs voient même cela avec beaucoup de défiance.

Cette attitude peut devenir un réel obstacle qui empêche, dans la pratique, de recevoir l'aide d'experts. Vous pouvez choisir d'aller plutôt voir des praticiens de médecines douces, qui sont souvent plus familiers avec les herbes mais qui, en revanche, ne connaissent pas assez la partie médicale de l'équation. Dans le présent chapitre, je vous suggère des stratégies pour travailler efficacement avec des praticiens de la médecine «classique», et j'explique aussi les bons et les mauvais côtés qu'il y a à décider de faire appel à différents professionnels de la santé venus du monde des médecines «parallèles».

Consulter des médecins

Récemment, au cours d'une conversation téléphonique avec un psychiatre de mon entourage, j'ai eu l'occasion de voir à quel point les médecins peuvent avoir des préjugés contre le millepertuis. Au début, nous discutions professionnellement d'un des patients que nous suivions tous les deux. Or, quand j'eus l'idée de lui mentionner que j'étais en train d'écrire un livre sur le millepertuis, la conversation s'arrêta net.

«Tu écris un livre sur quoi?», dit-il après un long silence.

«L'herbe qu'on appelle le millepertuis», répondis-je. «Tu sais, l'antidépresseur naturel dont on parle tellement depuis un certain temps.»

Après un autre silence, il dit: «Oh oui, je me rappelle. Un collègue m'a dit qu'il s'agissait d'un bon placebo.»

«Oh, ce n'est pas seulement un placebo, Robert, dis-je. On a fait des études assez sérieuses en Allemagne. Ça marche vraiment.»

«Ils ne sont pas très rigoureux dans leurs recherches par là-bas, n'est-ce pas?»

«On ne peut pas vraiment dire que l'Allemagne soit un pays du tiers-monde. Mais de toute façon, le *British Medical Journal* a publié récemment un rapport impressionnant sur l'ensemble des recherches concernant le millepertuis.» Je savais que cela attirerait son attention, car les médecins américains respectent le *British Medical Journal,* probablement parce qu'il est écrit en anglais.

« Vraiment. Alors, penses-tu que cela peut faire du bien ? »

« Tout à fait. Pour les dépressions légères ou moyennes, certainement. Mais pas pour les dépressions majeures. »

« Donc, c'est un médicament homéopathique utile, alors ? »

« Non, ce n'est pas homéopathique, Robert. C'est un extrait d'herbe standardisé. »

Un traitement homéopathique est une préparation qui comprend des dilutions tellement extrêmes qu'il ne reste plus un seul atome de la substance originale. Ce que Robert essayait de faire, en comparant le millepertuis à de l'homéopathie, c'était de « le condamner en faisant semblant de le louanger ». L'homéopathie est considérée comme une mauvaise blague chez presque tous les médecins de ce pays.

« Maintenant je me rappelle, Steve, dit-il. J'ai lu l'autre jour que c'était un IMAO. Ça m'a l'air d'être quelque chose d'assez dangereux. »

Ensuite, il reprocha aux expériences allemandes de n'avoir pas duré assez longtemps. « Que prouve une étude qui ne dure que six semaines ? », demanda-t-il. Quand je lui rappelai que les tests de qualification pour le Prozac n'avaient duré que de quatre à six semaines, il critiqua alors l'ampleur des recherches. « Seulement 1 750 patients pour l'expérience ? N'est-ce pas un peu faible ? »

Je lui fis remarquer que la plupart des médicaments sont approuvés à la suite d'essais effectués auprès de 1 000 ou 2 000 patients, dont plusieurs ne se rendent pas jusqu'au bout de la période d'observation. Ensuite je dus le rassurer à l'effet que les études sur le millepertuis avaient été menées à double insu (et probablement avec plus de succès que la plupart des études sur les médicaments), qu'on avait utilisé les résultats officiels du test HAM-D au lieu de « vagues impressions » et que les effets secondaires avaient été pleinement évalués chez plus de 4 000 personnes.

Il me fallut environ 20 minutes pour faire à mon collègue un portrait global et réaliste du millepertuis. Et même là, je ne crois pas l'avoir vraiment convaincu. Cela ne me surprit pas, car la plupart des médecins aux États-Unis ont de lourds préjugés contre les traitements d'herboristerie.

Les raisons qui expliquent cette méfiance bien enracinée sont complexes et trouvent leur source dans l'histoire, la culture et certains problèmes d'ordre pratique. Il est toujours plus facile de travailler avec les gens quand vous comprenez leur façon de penser. C'est pour cette raison que j'explique ici assez en profondeur ces motivations.

Pourquoi les médecins sont contre les herbes

Quand la médecine occidentale classique prit forme, il y a environ 400 ans, les traitements aux herbes constituaient le moyen le plus normal de soigner les gens. Mais les premiers médecins, en vertu de leur manière de penser, avaient plusieurs raisons de repousser cette médecine traditionnelle à base d'herbes. D'abord c'était le rayon des femmes — et la médecine nouvelle était une profession d'hommes. Par ailleurs, alors que ces médecins écrivaient en latin et en grec, les herboristes n'avaient pas beaucoup d'instruction, ce qui faisait que leur médecine semblait inférieure. Enfin, les médecins s'activaient à adopter les principes nouveaux de la science, alors que les herbes restaient une tradition folklorique. Les médecins mirent ainsi l'herboristerie au rang des superstitions.

Pour se distinguer des traditions herboristes, les médecins se tournèrent plutôt vers des préparations chimiques. Le mercure et l'arsenic furent parmi les premiers de leurs nouveaux traitements. Cela s'avéra un grand malheur pour bien des gens, qui auraient mieux fait de prendre soit des herbes, soit rien du tout, mais c'étaient là les débuts annonciateurs de la pharmaceutique moderne.

Ce clivage survint entre les XVe et XVIIIe siècles. Or, cette ancienne antipathie envers les herbes subsiste encore aujourd'hui. Peu de médecins s'en rendent vraiment compte. À un niveau inconscient toutefois, la notion même de remèdes herboristes leur semble archaïque et non scientifique. Le tout nouvel intérêt du public pour les herbes médicinales paraît, aux yeux des médecins, comme une survivance de l'ancienne ignorance.

Bien sûr, de nombreux médicaments proviennent d'abord des plantes, bien que la plupart soient maintenant obtenus par synthèse. La digitaline, la quinine, le Sudafed, la codéine, la guaiféné-sine (un expectorant) et la théophylline ne sont que quelques-uns des nombreux remèdes qui furent d'abord extraits des plantes d'origine. Mais il y a une grande différence entre les médicaments extraits des plantes et les plantes elles-mêmes.

Les constituants des plantes entières sont complexes et hautement variables, et à tout prendre, « trop naturelles » pour que les médecins s'y sentent à l'aise. Les fabricants de produits pharmaceutiques utilisent des techniques chimiques pour extraire les ingrédients actifs simples des plantes et les vendre ensuite comme drogues pures. Comme ces extraits sont quantifiables, reproductibles et tout à fait analysables, ils conviennent bien à la culture de la science occidentale. Ce n'est pas le cas des plantes entières.

Le fait de se concentrer ainsi sur un seul ingrédient actif représente un changement d'attitude fondamental par rapport à l'esprit des herboristes de l'ancien temps. La femme qui s'y connaissait en plantes, dans le village, croyait que Dieu avait fait les herbes spécialement dans l'intention de guérir la maladie et elle présumait naturellement que tout dans l'herbe était important. En revanche, les scientifiques de la médecine adoptent un point de vue plus matérialiste. Pour eux, les plantes médicinales développent leurs ingrédients actifs soit par hasard soit comme une stratégie de l'évolution pour empoisonner les herbivores qui, autrement, les auraient mangées. Les médecins s'attendent à trouver un seul constituant chimique important dans chacune des herbes, se disant qu'il y a peu de chances qu'ils trouvent dans une même plante deux ingrédients actifs se trouvant là par hasard. Cette substance unique, c'est la drogue ; et le reste de la plante est vu comme de la matière brute, rien de plus. Les scientifiques ne partagent pas l'idéal de la « médecine naturelle » et n'arrivent pas à prendre au sérieux l'idée qu'une plante entière est meilleure qu'une drogue pure.

Dans les écoles de médecine, on n'aborde pas le sujet de la médecine herboriste, sauf quand les professeurs veulent ajouter un point de vue historique pittoresque à leurs cours ou décrire les efforts des compagnies pharmaceutiques pour fouiller les forêts tropicales à la recherche de nouvelles sources de médicaments. C'est toujours les drogues qui intéressent les médecins : de purs produits chimiques. Si ces produits chimiques sont extraits des plantes, ce n'est pas choquant mais ce n'est pas non plus une recommandation. Il est beaucoup plus excitant de fabriquer de façon synthétique des « médicaments de conception » pour répondre à un problème biochimique.

C'est là une ligne de partage philosophique et culturelle difficile à franchir. Le concept d'extrait d'herbe standardisé (tel que décrit au chapitre 6) rassure jusqu'à un certain point les praticiens de la médecine classique. Mais ceux-ci continuent tout de même de se méfier des herbes et de se préoccuper de la reproductibilité entre les lots (ce qui est bien légitime). Les médecins ont toujours préféré un produit chimique pur et unique, quand ils avaient le choix. Le millepertuis, parce qu'il contient d'innombrables substances, semble encore « louche ». (Il est intéressant de noter que les médecins acceptent beaucoup mieux les vitamines parce qu'elles sont elles-mêmes des produits chimiques purifiés.)

En plus des obstacles culturels et historiques, il y a une autre bonne raison qui fait que les médecins ne font pas appel à l'herboristerie : certains organismes gouvernementaux n'accordent pas les autorisations nécessaires pour que des herbes reçoivent l'appellation de traitements contre des maladies spécifiques. Les herbes sont la plupart du temps vendues comme suppléments alimentaires, sans déclarer d'allégeance spécifique pour la santé. C'est un sujet fascinant en soi que de voir la cause de cette situation.

Pourquoi les organismes gouvernementaux n'approuvent pas les herbes comme traitements médicinaux

Le monde des médecines douces transmet souvent une croyance selon laquelle il y aurait une conspiration entre les compagnies pharmaceutiques et les organismes gouvernementaux pour maintenir les herbes inaccessibles. «Ils savent à quel point les herbes sont efficaces, dit l'argument. Ils craignent que si les gens utilisaient des herbes, les profits des compagnies pharmaceutiques tomberaient».

Il est bel et bien vrai que les organismes gouvernementaux d'approbation sont proches des compagnies pharmaceutiques et que les compagnies pharmaceutiques aiment bien faire des profits dès qu'elles le peuvent. Cependant, ce ne sont pas là les raisons pour lesquelles il est difficile de recevoir des autorisations pour des herbes médicinales. La véritable explication est beaucoup moins excitante que ne le serait une conspiration générale clandestine.

Les organismes gouvernementaux d'approbation sont composés en grande partie de scientifiques qui partagent les préjugés culturels des médecins. Plutôt que de croire que les herbes sont magnifiquement efficaces et, par conséquent, dangereuses pour les profits des compagnies pharmaceutiques, ils considèrent que les herbes sont archaïques, qu'elles sont inefficaces et qu'elles ne peuvent servir que comme matière brute pour fabriquer les drogues chimiques. Les herbes ne se présentent pas à leur esprit comme une menace; au lieu de cela, ils semblent à peine les remarquer.

Toutefois, même si l'on réussissait à prouver noir sur blanc que le millepertuis est une herbe efficace, il resterait encore une raison précise pour laquelle l'herbe ne pourrait pas devenir un traitement reconnu en Amérique du Nord. Cela a à voir avec la circulation des fonds qui soutiennent la recherche. Il faut énormément d'argent pour obtenir les approbations des organismes publics par rapport aux drogues. Cela commence avec des études sur l'absence de dangers chez les animaux, ensuite les études se portent sur la non-toxicité chez les humains, puis on regarde comment les médicaments s'intègrent au corps humain et comment ils sont éliminés. Ensuite, on réalise des études de vérification sur de petits groupes de patients. Enfin, on entreprend ce qu'on appelle la phase III des expériences, pour vérifier les bienfaits et les dangers d'un médicament sur un grand nombre de patients (généralement entre 1 000 et 2 000). La conception et les rapports strictement expérimentaux doivent être publiés, on doit tenir des conférences particulières à chaque étape du processus et on recrute à cet effet des chercheurs de nombreux centres médicaux. Ce n'est qu'après cinq ou six ans de telles études que l'on peut soumettre un nouveau médicament aux organismes d'approbation.

Le but de ce long processus est d'éviter des désastres comme celui de la thalidomide. Toutefois, pour chaque médicament nouveau, ces obstacles légitimes haussent les coûts de production de beaucoup. La compagnie pharmaceutique qui détient un droit sur un médicament peut se permettre de risquer de telles sommes, car elle risque de regagner l'argent perdu par le biais des ventes. En revanche, une herbe n'est la propriété d'aucune compagnie, personne ne peut avoir de droit exclusif sur elle. Si une compagnie payait la recherche nécessaire pour qu'une herbe soit approuvée, toutes les autres compagnies mangeraient ses profits en vendant de cette herbe.

On ne peut pas critiquer les manufacturiers de produits pharmaceutiques de ne pas dépenser des millions par herbe. Ils ne sont pas là pour faire la charité ; ce sont des entreprises commerciales. Je ne vois pas non plus beaucoup de praticiens des médecines parallèles dépenser leurs économies personnelles pour faire de la recherche sur les herbes.

L'argent dépensé dans la recherche sur les herbes est de l'argent qui ne pourra jamais être récupéré et ce type de fonds est toujours rare. Seules les subventions gouvernementales (ou des profits extraordinaires) entrent dans cette catégorie, et c'est là un domaine relativement réduit et concurrentiel. De plus, la recherche sur les herbes ne se trouve pas en tête des priorités. Les approches de haute technologie semblent être beaucoup plus « sexys » que la pauvre médecine herboriste.

Pour toutes ces raisons, ce qui se fait comme recherche au sujet des substances non brevetables est en général, en Amérique du Nord, limité à de chétives expériences engageant une vingtaine de patients et même moins. Cette réalité se retourne souvent contre l'herbe et on utilise ces faits comme une « preuve » que les herbes sont fondamentalement « non scientifiques ». En fait, cela en dit plus long sur le financement de la recherche que sur la valeur des herbes elles-mêmes.

En ce moment, la plupart des bonnes recherches effectuées sur les herbes sont réalisées en Europe, où la médecine herboriste occupe un plus haut rang dans l'échelle des valeurs. Les médecins prescrivent des herbes, le gouvernement les approuve et il y a beaucoup plus de fonds disponibles pour effectuer de la recherche fondamentale sur les herbes. Par conséquent, les meilleures preuves de l'efficacité des traitements aux herbes viennent presque toutes des pays européens.

Malheureusement, les médecins d'Amérique du Nord lisent rarement les revues médicales publiées en Europe, parce qu'elles ne sont pas rédigées en anglais. De nombreux médecins présument même en quelque sorte que les études européennes ne sont pas très solides. Cette présomption est absurde, bien sûr — l'Union Européenne a uniformisé ses règlements pour l'approbation des médicaments, règlements qui correspondent certainement à tous les standards scientifiques acceptables. Il y a en fait une sorte de xénophobie en jeu ici. Les médecins américains respectent en général les études australiennes et britanniques, bien qu'il n'y ait rien de plus scientifique dans leurs recherches, intrinsèquement, que ce qui sort d'Allemagne ou de France. C'est la langue qui, en réalité, semble constituer le véritable obstacle.

Comment intéresser votre médecin au millepertuis

À cause de tous les obstacles dont nous avons discuté, il faut sans doute entreprendre comme un défi de persuader les médecins de prendre au sérieux le millepertuis. On peut aborder cette mission soigneusement et de façon réfléchie. Il est important de savoir au départ que les médecins ne sont *pas* impressionnés par les histoires personnelles, les témoignages et les anecdotes. Pour cette raison, le présent livre peut ne pas faire très bonne impression sur votre médecin ! Pour tenter de montrer la manière dont fonctionne le millepertuis, j'ai rapporté certains cas, mais un médecin aura probablement l'impression que c'est là une manière de faire appel à des preuves indignes de foi.

Les médecins ont besoin de faits bruts. Et bien que les chapitres 5 et 7 foisonnent de tels renseignements, ces chapitres comprennent également de nombreuses anecdotes qui vont distraire les médecins du sujet principal. C'est pourquoi j'ai inclus en annexe de ce livre un résumé des recherches les plus importantes sur le millepertuis, dans un format que la plupart des médecins devraient trouver acceptable. Sentez-vous libre de copier ces pages et de les montrer à votre médecin.

Sans doute aurez-vous aussi le goût de présenter des copies de publications sur les expériences scientifiques en cours. On trouve le détail de quelques-unes des recherches les plus impressionnantes sur l'efficacité du millepertuis dans un article du numéro d'août 1993 du *British Medical Journal* et dans la recherche Hansgen[53,54]. Pour ce qui est des effets secondaires, c'est l'étude sur la drogue effectuée auprès de 3 250 patients qui donnera le plus d'informations[55]. Cette étude est également utile parce qu'elle contrebalance une fausse impression donnée dans le résumé de l'article du *British Medical Journal* à l'effet que le millepertuis causerait des effets secondaires chez 19,8 p. 100 des gens qui en prennent. (J'explique l'aspect fallacieux de ces chiffres en annexe.)

Vous pouvez obtenir des reproductions de ces articles pour des montants abordables en communiquant avec la Fondation américaine pour la recherche sur les herbes (Herb Research Foundation, 1007 Pearl St., Suite 200, Boulder, CO 80302. Le numéro de téléphone est le [303] 449-2265).

Plusieurs médecins seront raisonnablement ouverts à l'idée que leurs patients leur apportent de tels renseignements. Toutefois, certains d'entre eux continueront à s'en tenir à une attitude autoritaire et refuseront sans doute de prendre au sérieux tout ce qu'un simple patient pourra soumettre à leur attention. Si c'est là ce que vous ressentez, je vous suggère de changer de médecin. Une telle attitude n'a plus sa place dans notre société moderne.

Les médecines « parallèles »

Il existe une certaine proportion, assez restreinte, de médecins qui se définissent eux-mêmes comme des pratiquants de médecines « douces », « parallèles » ou « holistiques ». Comme je le fais moi-même, ils intègrent souvent une variété de méthodes «alternatives» dans leurs pratiques. Presque tous les médecins de cette catégorie connaissent assez bien l'usage du millepertuis. Malheureusement, je ne peux faire de recommandation générale à l'effet que de tels médecins vous donneront satisfaction.

De nombreux médecins faisant appel à des pratiques parallèles sont responsables, prudents, intelligents et travaillent soigneusement. Ils soumettent leur pratique médicale à de hauts standards de qualité et ne choisissent que le meilleur de ce qui est offert sur le marché des médecines douces. Les médecins de ce genre constituent le meilleur choix que vous puissiez faire.

Toutefois, je dois malheureusement dire que j'ai trop souvent remarqué qu'un grand nombre de médecins pratiquant des méthodes non classiques ne fonctionnent pas de façon acceptable. Certains semblent ne pas faire de distinction entre les multiples techniques de soins parallèles qu'ils acceptent de pratiquer, tandis que les autres semblent n'être motivés que par le désir de maximiser leurs profits. Vous devez être très attentifs quand vous choisissez un praticien des médecines parallèles.

Les ostéopathes

Aux États-Unis, les ostéopathes obtiennent aujourd'hui des diplômes qui, sur le plan légal, équivalent à ceux des médecins. Ils fonctionnent dans toutes les catégories de médecine, de la pratique familiale jusqu'à la neurochirurgie. Or, à cause de son histoire, l'ostéopathie a hérité d'une plus grande ouverture aux nouvelles approches. La médecine ostéopathique a débuté elle-même à partir d'une approche alternative, qui fait appel à des pratiques manuelles et à des thérapies naturelles, et certains étudiants en médecine choisissent aujourd'hui des écoles d'ostéopathie parce qu'ils s'intéressent particulièrement aux médecines parallèles. Pour cette raison, certains ostéopathes peuvent être plus ouverts au millepertuis que la moyenne des médecins.

Ce n'est toutefois pas toujours le cas. La plupart des ostéopathes fonctionnent exactement de la même façon que les médecins classiques et, chez plusieurs d'entre eux, la seule ouverture de leur pratique médicale par rapport à la médecine classique consiste à intégrer certaines techniques manuelles. Avec ces médecins, vous devrez utiliser les approches décrites dans la section précédente.

Les autres praticiens des médecines douces

Il existe plusieurs catégories de gens qui procurent des soins de santé et qui se concentrent surtout sur les techniques de soins alternatifs. Bien sûr, on peut être certain qu'ils s'intéressent à des herbes comme le millepertuis, mais en revanche, leur connaissance de l'aspect médical de l'équation n'est pas toujours suffisante.

Les naturothérapeutes

Parmi les praticiens des médecines parallèles, l'une des catégories les plus prometteuses est constituée des naturothérapeutes. Ces intervenants se spécialisent dans les traitements à base d'herbes médicinales, de vitamines et de suppléments alimentaires.

Tous les naturothérapeutes sont familiers avec l'usage du millepertuis. Néanmoins, le relatif manque d'expérience clinique des naturothérapeutes, en ce qui concerne les maladies graves, peut faire en sorte qu'ils sont beaucoup moins capables que les médecins ou les ostéopathes de reconnaître les signes avant-coureurs d'une dépression majeure. Cela limite un peu l'intérêt que peuvent porter aux consultations naturothérapeutes ceux qui songent à utiliser du millepertuis.

Les chiropraticiens

Dans plusieurs pays, les chiropraticiens peuvent prescrire des herbes et des suppléments alimentaires. Leur formation couvre parfois à peu près le même champ que celui des écoles de naturothérapie, bien qu'on y mette beaucoup plus d'emphase sur les manipulations de la colonne vertébrale, évidemment. Certains chiropraticiens ont étudié quelque peu la médecine herboriste, bien que l'on insiste beaucoup moins sur l'aspect scientifique de

l'herboristerie dans les écoles de chiropractie que dans la formation en naturothérapie. Certains chiropraticiens peuvent aller
chercher une formation additionnelle pour enrichir leurs connaissances.

Malheureusement, tout comme les naturothérapeutes, les
chiropraticiens peuvent ne pas être suffisamment expérimentés
pour reconnaître les premiers signes avant-coureurs d'une
dépression majeure profonde.

Les nutritionnistes

De nombreuses personnes s'appellent elles-mêmes des nutritionnistes, mais le terme ne désigne aucun standard universel de
formation. Les nutritionnistes recommandent en général des
herbes et des suppléments alimentaires. Malheureusement, leurs
connaissances dans ce domaine varient énormément. Plusieurs
d'entre eux n'ont pas étudié l'aspect scientifique de l'herboristerie, et seuls quelques-uns possèdent une formation adéquate
pour reconnaître des caractéristiques psychologiques comme
celles de la dépression.

Les psychologues et les psychothérapeutes

À la différence des psychiatres, les psychologues et les psychothérapeutes ne sont pas des médecins. Ils sont néanmoins
habituellement très au fait des différentes caractéristiques de la
dépression. La plupart d'entre eux peuvent reconnaître les
signes avant-coureurs d'une dépression majeure, et plus aisé-
ment qu'un médecin généraliste.

Comme le millepertuis est vendu sous forme de supplément
alimentaire et non de médicament, il n'y a rien qui empêche les
psychologues et les psychothérapeutes de recommander à leurs
clients d'en prendre. (Techniquement, cela peut avoir l'air de pratiquer la médecine sans permis, mais dans la vraie vie, il n'y a
aucun obstacle à cela.) Ces professionnels de la santé sont de plus
en plus nombreux à explorer cette approche naturelle, ainsi que
d'autres approches du même genre, pour traiter les maladies
affectant les émotions. Dans plusieurs cas, ils arrivent à un haut
niveau de compétence.

CHAPITRE DIX

D'autres traitements
contre la dépression

- · Le ginkgo biloba
- · Le DL-phénylalanine
- · La phosphatidyl-sérine
- · Les insuffisances nutritionnelles
- · Les allergies aux aliments
- · Les changements de vie
- · D'autres traitements contre l'anxiété
- · D'autres traitements contre l'insomnie

La médecine alternative est un immense champ de connaissances qui constitue presque un monde en soi. À l'intérieur de ce monde, certaines approches sont plutôt ridicules, alors que d'autres sont assez pratiques et que certaines sont tout à fait scientifiques, autant que les traitements classiques. J'ai abordé plus en détail ce sujet complexe dans mon livre *The Alternative Medicine Sourcebook: A Realistic Evaluation of Alternative Healing Options* (Lowell House, 1997).

Aucune des techniques décrites dans le présent chapitre n'a fait l'objet d'autant d'études sérieuses que le millepertuis. Toutefois, la plupart d'entre elles ont fait l'objet d'une certaine recherche, et toutes semblent fonctionner, du moins à l'occasion. Les praticiens des médecines parallèles combinent souvent ces méthodes avec le millepertuis pour en augmenter les effets. Ils peuvent aussi s'en servir pour remplacer le millepertuis quand l'herbe n'arrive pas à donner de résultats satisfaisants.

Le ginkgo biloba

Le ginkgo biloba est un bel arbre ornemental pouvant atteindre plus de 100 pieds et pouvant vivre jusqu'à 1 000 ans. On l'a appelé le « fossile vivant » parce qu'on a trouvé des preuves qu'il existait il y a près de 200 millions d'années. Après s'être répandu sur plusieurs continents, il fut presque exterminé pendant la période de glaciation et ne survécut qu'en Chine. La résistance que l'arbre a développée durant sa longue occupation sur Terre lui a donné le pouvoir de survivre à un nouvel environnement hostile : celui des rues de nos cités modernes. À cause de son extraordinaire résistance aux insectes, aux maladies et à la pollution, le ginkgo est devenu un ornement largement répandu sur les trottoirs des villes.

L'usage médicinal du ginkgo remonte à l'Antiquité chinoise, à l'époque où les feuilles de cet arbre faisaient partie de la panoplie standard du vaste répertoire des produits médicinaux chinois. Traditionnellement, on compte parmi les vertus du ginkgo sa capacité de « faire du bien au cerveau » tout comme de soulager les maladies respiratoires et de débarrasser le corps de ses vers parasites.

Dans les temps modernes, on a fait de vastes recherches en Europe sur les extraits standardisés de feuilles de ginkgo. Dans presque toutes ces recherches, on s'est penché sur la capacité du ginkgo d'améliorer la circulation sanguine dans le cerveau et dans les extrémités. À la suite de résultats favorables dans plus de 40 études à double insu, son usage s'est largement répandu en Europe pour soigner la détérioration des fonctions mentales occasionnées par une insuffisance du flot sanguin au cerveau (comme dans le cas d'accidents cardio-vasculaires). Le ginkgo est également prescrit pour des claudications intermittentes et les douleurs qui accompagnent certains mouvements quand les artères sont bloquées à la suite de changements athérosclérotiques. Selon le grand naturothérapeute Michael Murray, les extraits de ginkgo comptent en France pour 1,5 p. 100 de toutes les prescriptions et en Allemagne, pour 1 p. 100[56].

Au cours d'études portant sur l'affaiblissement des fonctions mentales, les chercheurs ont souvent observé des améliorations de l'humeur et le soulagement des symptômes de la dépression. Cette découverte accidentelle poussa les scientifiques à vérifier si le ginkgo pouvait servir d'antidépresseur. Une étude publiée en 1990 évalua cet effet chez 60 patients souffrant de symptômes de dépression[57]. Les résultats révélèrent de grandes améliorations parmi les patients à qui l'on avait donné des extraits de ginkgo au lieu de placebos.

Une autre étude suivit 40 patients dépressifs âgés de plus de 50 ans et qui n'avaient pas bien réagi aux traitements antidépresseurs[58]. Chez ceux qui avaient reçu du ginkgo, les résultats HAM-D chutèrent d'environ 50 p. 100, alors que l'écart n'avait été que de 10 p. 100 dans le groupe de placebos.

En 1994, on rapporta les résultats d'une recherche très intéressante qui pourrait jeter une lumière nouvelle sur le mécanisme par lequel le ginkgo soulage la dépression[59]. Au cours de cette étude, on examina les niveaux de récepteurs de sérotonine chez des rats d'âges variés. Quand les rats les plus vieux recevaient du ginkgo, le nombre de sites récepteurs de sérotonine augmentait. En revanche, on n'observait *pas* cet effet chez les rats plus jeunes. Les chercheurs avancèrent l'hypothèse que le ginkgo pouvait empêcher les récepteurs de sérotonine de s'affaiblir avec l'âge.

Un affaiblissement des récepteurs de sérotonine peut signifier que le corps a besoin de plus de sérotonine pour arriver à un effet normal. Au lieu d'élever le niveau de sérotonine, comme avec le Prozac, le ginkgo peut sans doute améliorer ainsi la capacité du cerveau de réagir à la sérotonine (du moins chez les gens plus âgés). Mais cela relève encore de la pure spéculation. Il faut faire plus d'expériences si l'on veut mieux comprendre comment le ginkgo agit et si l'on veut chiffrer plus précisément son efficacité en cas de dépression.

Les résultats cliniques du ginkgo sont néanmoins assez élo-quents pour que l'on se serve largement de cette plante pour con-trer la dépression. Scott Shannon combine habituellement le ginkgo avec le millepertuis quand il traite la dépression chez des patients âgés de plus de 50 ans. Plusieurs marques commerciales de millepertuis comprennent du ginkgo dans des doses appro-priées.

Dans ma propre pratique, j'ai vu plusieurs patients qui disaient avoir vraiment pris du mieux en prenant des extraits de ginkgo. L'un des cas les plus spectaculaires est celui de Maryse, une femme qui, au début de la soixantaine, était devenue morose et sauvage. Craignant la maladie d'Alzheimer, sa fille lui avait donné du ginkgo, en espérant que cela améliorerait ses fonctions céré-brales. Les résultats furent spectaculaires. Environ trois semaines plus tard, Maryse était revenue au macramé, elle écrivait des lettres et faisait de longues promenades avec ses amies.

Elle continua ainsi pendant un an. Ensuite, à cause de la dépense, Maryse cessa de prendre du ginkgo. En moins d'un mois, elle avait recommencé à vivre clouée à sa chaise longue.

Un examen médical subséquent montra que Maryse ne souf-frait pas de la maladie d'Alzheimer. Elle était simplement dépres-sive. Son médecin lui prescrivit alors du Prozac, avec d'excellents résultats. Mais le ginkgo avait tout aussi bien fonctionné. Dans ce cas, le traitement naturel était aussi efficace que le médicament.

Bien sûr, le ginkgo ne fonctionne pas toujours, mais le fait de l'essayer n'entraîne aucun risque connu. Parmi les 9 722 patients à qui l'on avait donné de cette plante lors d'études à double insu, l'effet secondaire le plus courant fut un léger malaise à l'estomac ; et cela ne survint que chez environ 0,2 p. 100 des patients obser-vés[60]. Venaient ensuite, comme problèmes le plus souvent rap-portés, des maux de tête et des vertiges.

Bien que les effets secondaires soient pratiquement inexistants avec le ginkgo, ce traitement est coûteux. La dose juste est de 40 à 80 milligrammes 3 fois par jour d'un extrait standardisé contenant 24 p. 100 de flavonoïdes glycosides de ginkgo (ou hétérosides). Il peut falloir de deux à huit semaines pour que le plein effet antidé-presseur se manifeste.

La phénylalanine (DLPA)

La phénylalanine est un acide aminé naturel que nous retrouvons tous chaque jour dans notre assiette. Il semble que des suppléments artificiels de phénylalanine soient parfois efficaces dans le traitement de la dépression. Plusieurs praticiens des médecines parallèles s'en servent conjointement avec le millepertuis et rapportent une amélioration des résultats.

Le corps peut transformer la phénylalanine en divers acides aminés biologiques. Bien que ce phénomène puisse sans doute expliquer les propriétés antidépressives de cette substance, il est un peu prématuré et hypothétique d'affirmer quoi que ce soit aujourd'hui sur ses mécanismes d'action. Le fait que cela soit utile pour lutter contre la dépression est un peu mieux documenté.

La phénylalanine se présente sous deux formes distinctes : l'une ressemble à une main droite, l'autre à une main gauche, et on les connaît respectivement sous les appellations de D et de L. Certaines études ont évalué la forme D et d'autres, la forme L, tandis que d'autres encore ont évalué un mélange des deux. C'est cette forme mixte de D et L (DLPA) que l'on retrouve le plus souvent sur le marché.

Une étude datant de 1978 compara, pour en évaluer l'efficacité respective, la D-phénylalanine et l'imipramine, ce médicament antidépresseur, donné en doses assez faibles (bien que probablement efficaces) de 100 milligrammes par jour[61]. Un total de 60 patients étaient répartis au hasard dans l'un ou l'autre des groupes et on les suivit pendant 30 jours. Les résultats dans les deux groupes s'équivalaient sur le plan statistique. Toutefois, la D-phénylalanine faisait effet plus vite, produisant une amélioration marquée en 15 jours seulement.

Lors d'une autre étude à double insu, on suivit 27 patients dont la moitié reçut de la DL-phénylalanine et l'autre moitié, de l'imipramine à pleines doses de 150 à 200 milligrammes[62]. Quand on les évalua à nouveau au bout de 30 jours, les 2 groupes s'étaient améliorés dans des proportions semblables.

Malheureusement, je n'ai réussi à trouver aucune étude sérieuse comparant directement la phénylalanine aux placebos.

On a déjà réalisé plusieurs de ces recherches, mais elles étaient toutes trop réduites ou comportaient trop de failles pour qu'il vaille la peine de les mentionner. Néanmoins, la phénylalanine semble efficace en pratique. J'ai récemment enquêté au sein d'un groupe de praticiens experts en médecines parallèles afin d'obtenir des données pour un autre livre auquel je travaille. La DL-phénylalanine était l'un des traitements antidépresseurs les plus populaires, considéré comme « souvent efficace ».

J'ai connu nombre de patients à qui la DLPA faisait du bien. L'un d'entre eux était un vendeur de 32 ans nommé Raoul, qui perdait progressivement sa motivation au travail. Il aimait son emploi et y réussissait bien, mais il avait de plus en plus de difficulté à se concentrer. « Cela ne me ressemble pas, disait-il. Je me sens tellement sinistre quand je m'en vais au bureau. »

Je lui dis qu'il avait peut-être le goût, inconsciemment, de changer de carrière, mais il s'opposa fermement à cette théorie. « Mon travail est formidable, dit-il. Les gens sont bien, je crois en mon produit et les revenus sont bons. Je n'ai aucune raison d'être en dépression, cela vient de nulle part. »

Comme je ne pouvais m'empêcher de lui suggérer d'aborder tout cela d'un point de vue psychologique, Raoul finit par cesser de venir me voir et consulta plutôt une naturothérapeute. Je n'eus plus de ses nouvelles pendant trois mois. Ensuite il me téléphona pour me faire savoir ce qui avait marché pour lui et avant même qu'il me dise quoi que ce soit sur ses traitements, j'étais déjà impressionné par le timbre de sa voix qui me permettait de constater à quel point il allait mieux.

« J'ai commencé à prendre de la DL-phénylalanine il y a environ un mois. C'est incroyable ce truc. Je n'arrive même plus à me rappeler comment on se sent quand on est dépressif. »

Sa voix était sonore et pleine de vie. Quand je lui demandai ce qu'il avait essayé au cours des deux premiers mois, il me dit : « D'abord elle m'a mis sur une sorte de plante, le millepertuis, je pense, ou quelque chose du genre. Ça ne m'a rien fait. Mais la DL-phénylalanine, c'est extraordinaire. »

Bien sûr, cet acide aminé ne réussit pas toujours non plus. Si le millepertuis aide environ 50 ou 75 p. 100 de ceux qui souffrent de dépression légère ou moyenne, la DL-phénylalanine seule n'est probablement efficace que pour 25 ou 50 p. 100 de ceux qui en prennent. Heureusement, cela ne fonctionne pas toujours chez les mêmes. Si l'un des deux traitements ne vous convient pas, l'autre peut valoir l'essai ; et on peut également les combiner pour obtenir de meilleurs résultats.

En pratique clinique, la plupart des médecins prescrivent de 150 à 400 milligrammes de D-phénylalanine par jour, divisés en 2 ou 3 doses quotidiennes. Les effets secondaires sont rares, bien que l'on ait rapporté à l'occasion une augmentation de l'anxiété, des maux de tête et même une légère hypertension quand on prenait des doses plus hautes de phénylalanine. Certaines personnes doivent absolument éviter la phénylalanine : il s'agit de gens atteints d'une maladie rare affectant le métabolisme et appelée la phénylcétonurie (PKU). À cause du risque qu'un enfant ait cette maladie sans qu'elle ne soit diagnostiquée, certaines autorités recommandent aux femmes enceintes ou qui allaitent de ne pas prendre de phénylalanine.

La tyrosine, un acide aminé voisin, est quelquefois cité comme traitement éprouvé contre la dépression, mais en fait, les quelques études actuellement publiées sont trop minces pour qu'il vaille la peine de les citer. Les suppléments en tyrosine sont cependant quelquefois utiles. On considère comme une dose appropriée environ 300 milligrammes 3 fois par jour, et il n'existe pas d'effets secondaires connus.

La phosphatidyl-sérine

La phosphatidyl-sérine est l'un des composés chimiques que le corps utilise pour maintenir l'intégrité des membranes cellulaires et c'est la substance que le cerveau utilise le plus[63].

Ce n'est pas là un nutriment essentiel, car les cellules en fabriquent elles-mêmes. Toutefois, quand on en prend comme supplément alimentaire, la phosphatidyl-sérine semble quelquefois améliorer les fonctions cérébrales.

Dans la majeure partie des recherches réalisées sur ce composé chimique, on s'est surtout penché sur des patients âgés et diminués mentalement. Lors d'une étude à double insu, on suivit 494 patients souffrant depuis 6 mois de symptômes semblables à ceux de la maladie d'Alzheimer et les résultats montrèrent que la phosphatidyl-sérine améliorait les fonctions cérébrales, les humeurs et le comportement[64]. Jusqu'à ce jour, seule une étude s'était penchée sur l'efficacité de cette substance dans les cas de dépression[65]. Les résultats semblent avoir été favorables, mais il faut encore faire d'autres recherches.

En pratique, les médecins qui utilisent la phosphatidyl-sérine rapportent une amélioration marquée chez certains patients déprimés et âgés de plus de 50 ans. Cette substance semble être plus bénéfique chez les patients dont la dépression est en grande partie liée à un déclin mental.

Par exemple, j'ai prescrit un jour de la phosphatidyl-sérine à un couple, le mari et l'épouse étant tous deux dans la soixantaine et souffrant de dépression. Si j'ai utilisé ce supplément au lieu du millepertuis, c'est que le mari souffrait de symptômes ressemblant à ceux du syndrome d'Alzheimer. J'avais espoir que la phosphatidyl-sérine améliore ses capacités mentales et l'épouse tenait à ce qu'ils prennent tous deux le même médicament.

Les résultats furent excellents. La dépression de la femme s'apaisa d'abord, mais bientôt, l'état d'esprit du mari s'améliora également, puis ses habiletés cognitives progressèrent aussi de façon notable. Au moment d'écrire ceci, six ans plus tard, ils continuent de prendre de la phosphatidyl-sérine et de bien se porter.

Pour la phosphatidyl-sérine, on recommande des doses de 100 milligrammes 3 fois par jour. Il faut de quatre à six mois pour que se manifestent pleinement les résultats. Bien qu'il ne semble pas y avoir d'effets secondaires, c'est là un supplément assez cher. Un autre ennui est dû au fait que la phosphatidyl-sérine n'est pas vraiment un remède naturel. On en produit de façon à demi synthétique, à partir de la lécithine de soya.

Les déficiences nutritionnelles

Contrairement à ce que vous risquez de lire ailleurs, les traitements à la phénylalanine ou à la phosphatidyl-sérine ne devraient pas vraiment être considérés comme de la médecine nutritionnelle. La plupart des Américains absorbent des quantités suffisantes de phénylalanine dans leur alimentation quotidienne et, normalement, on ne consomme pas du tout de phosphatidyl-sérine par voie orale.

Un véritable traitement nutritionnel corrige une déficience alimentaire. La dépression peut être le symptôme d'une alimentation inadéquate en acides foliques, en vitamines B_6, en vitamine B_{12}, en magnésium, en fer ou en acides gras essentiels. Comme des études ont démontré une insuffisance largement répandue de ces nutriments courants[66], il est raisonnable de présumer que dans certains cas de dépression, de simples suppléments alimentaires pourraient corriger la situation.

Outre les acides gras, tous ces nutriments peuvent être facilement ajoutés à l'alimentation grâce aux vitamines standard et aux minéraux en capsules. La meilleure source de «bons» acides gras essentiels vient probablement des poissons d'eau douce, mais on en trouve un substitut raisonnable dans l'huile de lin, prise en doses de une à deux cuillerées à soupe par jour.

Malgré la logique qui sous-tend de telles adjonctions au régime alimentaire, j'ai rarement entendu parler, dans ma pratique en clinique, de quelqu'un dont la dépression avait été guérie par le simple fait de se bourrer de vitamines. Il semble que même si de graves déficiences en nutriments courants peuvent certainement provoquer la dépression, de légères déficiences produisent rarement des effets notables. Mais les suppléments alimentaires peuvent toujours être utiles comme traitement de soutien.

Les allergies aux aliments

Pour combattre la dépression, les traitements alternatifs que nous avons suggérés jusqu'ici sont simples à adopter, car il suffit simplement de prendre des pilules ; en revanche, les traitements pour soigner les allergies aux aliments constituent une approche beaucoup plus complexe. Pour bien des gens, cela est trop difficile et peut même mener à une sorte d'obsession pour la nourriture, pour laquelle j'ai inventé le terme ironique de *orthorexia nervosa* (une idée fixe de manger le bon aliment)[67]. Cela est quelquefois assez efficace !

Il y a deux sortes d'allergies aux aliments : la forme immédiate, sévère, qui provoque de l'urticaire ou même des réactions anaphylactiques semblables à celles qui surviennent à la suite de piqûres d'abeille, et la forme la plus courante, à retardement, qui provoque une grande variété de symptômes subtils. Cette seconde forme peut aussi provoquer la dépression.

L'allergie au lait est probablement l'exemple le plus courant du type d'allergie à retardement. Après avoir bu du lait régulièrement pendant une période de plusieurs jours ou de plusieurs semaines, ceux qui y sont allergiques ressentent souvent une augmentation des mucosités, de l'asthme, de l'eczéma, de la fatigue ou des rhumes fréquents. Parmi les autres symptômes d'allergies alimentaires à retardement, on trouve la dépression, des douleurs aux articulations, des infections aux sinus, des maux de tête, des problèmes digestifs, une diminution de la concentration, des boursouflures, de la rétention des liquides et, en fait, pratiquement tout autre symptôme que vous pourriez nommer.

En ordre d'importance, les allergies alimentaires les plus courantes sont le lait, le blé, le maïs, le soya et les œufs. Certaines personnes développent aussi des réactions de type allergique au sucre, à la caféine et à l'alcool, bien que ce ne soit pas là de véritables réactions allergiques. Afin de tenir compte de ce type de réaction, il est préférable d'utiliser le terme « sensibilité aux aliments » ou « aliments déclencheurs » plutôt que « allergies aux aliments ».

La médecine classique préfère se concentrer sur des expériences évidentes et spectaculaires, afin d'éviter le royaume flou de l'expérience subjective. Pour cette raison, elle reconnaît d'abord le premier type d'allergie alimentaire et laisse tout le sujet des sensibilités à retardement aux praticiens des médecines parallèles. Les allergies alimentaires sont l'objet d'une grande attention chez les naturothérapeutes, les nutritionnistes et plusieurs thérapeutes des médecines douces.

Un diagnostic d'allergie alimentaire à retardement

Il n'est pas toujours facile de savoir quels aliments provoquent des problèmes de santé, car les effets sont à retardement et ils se prolongent, et plusieurs aliments semblent être en cause. La seule technique de diagnostic absolument éprouvée est la diète par élimination, suivie d'ajouts d'aliments. Selon cette méthode, vous adoptez une diète extraordinairement réduite pendant environ un mois, ou tant que votre symptôme chronique ne commence pas à « disparaître ». Habituellement, votre menu est alors constitué seulement de dinde, d'agneau, de patate douce et de riz blanc.

Ensuite, vous introduisez des aliments au rythme d'environ un par semaine. Ceux qui vous donnent des réactions évidentes en un jour ou deux sont identifiés comme étant des produits allergènes puissants que vous devrez sans doute éviter à jamais. Ceux qui provoquent des symptômes seulement après que vous en ayez mangé pendant plusieurs jours de suite, toutefois, peuvent être acceptables si vous n'en mangez qu'occasionnellement, dans un horaire en « rotation ». D'autres aliments peuvent s'avérer entièrement inoffensifs et vous pouvez en manger à loisir. (Patate douce, riz blanc, agneau et dinde tombent dans cette catégorie pour presque tout le monde et c'est pour cette raison que vous pouvez en manger durant la phase d'élimination.)

La méthode d'élimination suivie de l'ajout d'aliments exige beaucoup de courage, de volonté et d'abnégation. Comme tout le monde n'est pas prêt à s'adonner à une pratique aussi ascétique, les praticiens alternatifs ont fait beaucoup d'efforts pour tenter de mettre au point des tests de laboratoire qui pourraient donner les mêmes indications. On s'est aperçu que des tests cutanés n'étaient pas très fiables. Mais on a obtenu de meilleurs résultats avec des tests sanguins qui détectent la présence d'anticorps servant à lutter contre certains aliments et ces tests peuvent indiquer assez précisément quels sont les aliments à éviter. Une réserve, cependant : le rapport de laboratoire doit toujours correspondre à l'expérience concrète.

Éviter certains aliments déclencheurs : bienfaits et effets secondaires

Il n'y a pas d'études sérieuses effectuées sur le sujet, mais en pratique clinique, le fait de s'abstenir de certains aliments déclencheurs peut quelquefois soulager la dépression de façon spectaculaire. Je me rappelle un patient dont l'histoire pénible de dépression récurrente s'avéra être d'abord et avant tout liée à une consommation excessive de caféine et le cas encore plus spectaculaire d'une autre patiente, Marianne. Après avoir été traitée pendant des années pour dépression majeure profonde, période au cours de laquelle elle avait été hospitalisée deux fois et traitée avec six antidépresseurs différents, Marianne se fit suggérer par un naturothérapeute de cesser de manger du blé. Les résultats furent si probants qu'en trois mois, elle put cesser toute médication et se sentit mieux que depuis de nombreuses années.

Toutefois, le fait d'identifier et d'éviter les aliments allergènes est en soi un traitement tenant de l'essai et de l'erreur. S'il arrive que cela donne de bons résultats, — même chez de grands malades — très souvent, cela ne donne rien du tout. Je considère cette méthode comme une approche difficile à suivre et dont le taux de réussite est relativement faible.

De plus, même quand cela réussit, le fait d'éviter les aliments déclencheurs produit souvent de graves «effets secondaires». Les patients qui tentent de manger très soigneusement finissent souvent par restreindre leur vie sociale et par se préoccuper exagérément de leur alimentation. Avec le temps, de plus en plus de denrées finissent par leur causer des problèmes, jusqu'à ce que la personne souffrante ne puisse pratiquement plus rien manger impunément. Les nombreux effets secondaires du Prozac ne sont rien en comparaison des résultats produits par le fanatisme lié aux aliments allergènes.

Pour cette raison, je recommande rarement d'éviter les aliments déclencheurs, sauf quand cela se limite à quelques aliments très simples, ou à des non-aliments comme la caféine ou l'alcool. Il est souvent préférable de tenter n'importe quelle autre solution à la place.

Des changements dans le style de vie

Jusqu'ici dans ce chapitre, je me suis surtout penché sur des traitements contre la dépression consistant en méthodes spécifiques, bien ciblées. Ces approches sont les plus faciles à utiliser et à éva-luer, mais en me concentrant sur elles, je risque de recevoir de sévères critiques de mes collègues des médecines alternatives. «Nous devons traiter l'ensemble de la personne», me disent-ils, et je dois admettre qu'ils ont raison.

Pour combattre toute maladie, la meilleure approche est holistique, c'est-à-dire qu'elle touche plusieurs dimensions de la personne. J'ai précédemment insisté sur l'importance de la psychothérapie, qui peut également être essentielle pour comprendre l'impact de facteurs liés au style de vie. Dans mon cabinet, je pose toujours des questions comme celles-ci: Faites-vous de l'exercice? Quel est votre niveau de stress? Mangez-vous bien? Appréciez-vous votre travail, votre vie sociale et vos conditions de vie?

Si vous ne prenez pas soin de vous-même en tant que personne globale, il est assez probable que des traitements plus spécifiques ne donneront rien. En ce qui concerne votre style de vie, l'intervention la plus facile à intégrer consiste probablement à faire plus d'exercice. De nombreuses études en clinique semblent indiquer que l'exercice est un antidépresseur efficace. Alors que d'autres études contredisent ce résultat intuitif, le moins que l'on puisse dire, c'est que cela ne peut pas faire de mal. L'exercice améliore l'état de santé général et donne plus d'énergie, réduit le risque de nombreuses maladies et soulage le stress.

Parlant de stress, il est évident qu'un stress excessif peut mettre quiconque en dépression. Même si la vie est inévitablement remplie de tensions, il y a de nombreuses activités qui peuvent modérer leur impact. Parmi les plus utiles, on cite l'exercice fréquent, la méditation, la prière, une vie sociale riche, le jeu, les visualisations, les massages réguliers et de longues vacances.

Il est également important de considérer les effets d'un régime alimentaire global. Les substances psychoactives comme la caféine, l'alcool et même le chocolat peuvent augmenter la dépression chez plusieurs. D'autres substances, comme le sucre et le gras, peuvent augmenter la dépression chez d'autres. Comme je l'ai mentionné précédemment, le fait d'avoir un régime alimentaire pauvre en nutriments importants peut aussi, à l'occasion, jouer un rôle dans la dépression. Un bon régime alimentaire, tout comme de l'exercice régulier, procure de nombreux bienfaits, ce qui met certainement la bonne alimentation dans la catégorie des choses qui « ne peuvent pas faire de mal ».

Enfin, la dépression peut être provoquée par certaines situations et par des choix de vie. Si vous êtes dans un mariage violent, si vous détestez votre emploi ou si vous n'avez pas d'amis, vous risquez plus de devenir dépressif. Si vous accordez trop d'attention à l'argent et au prestige social et pas assez à l'amour, vous pouvez aussi devenir malheureux. Ce dernier thème fait le sujet d'innombrables pièces de théâtre, de films et de livres — sans mentionner les écritures religieuses — et cela n'a jamais cessé d'être vrai.

Je me souviens d'un homme dans la quarantaine qui vint me voir parce que le Prozac n'avait pas réussi à soulager sa dépression. Il avait consacré toute sa vie à monter les échelons de la bureaucratie d'État à Washington. Ma première impression fut qu'il était malheureux parce que ses priorités n'étaient pas claires. Il ne passait jamais plus de deux heures par semaine avec ses enfants, bien qu'il aimât leur acheter des cadeaux coûteux et, pour lui, un bon moment se caractérisait d'abord et avant tout par la possibilité de passer de la pommade à ses supérieurs et de magouiller contre ses concurrents. Pour se distraire, il regardait les nouvelles télévisées et mangeait des hamburgers.

Je ne pouvais pas m'imaginer que quelqu'un puisse être heureux en vivant de la sorte et je le lui dis. Toutefois, il ne pouvait comprendre de quoi je parlais et il réagit avec agressivité. « Je veux une herbe, pas un sermon moralisateur », dit-il.

Intimidé, je lui prescrivis du millepertuis, mais cela ne lui fit aucun bien. Il ne changea pas avant de subir une crise cardiaque, deux ans plus tard. Cette catastrophe lui ouvrit les yeux et il commença effectivement à instaurer des changements majeurs dans sa vie. Heureusement, son cœur n'était pas trop endommagé et il a de bonnes chances de continuer à vivre encore plusieurs années de façon satisfaisante.

Il peut être assez difficile de changer en profondeur des modes de vie bien ancrés. Il y a néanmoins plusieurs moyens d'accomplir de tels changements sans en mourir. Des amis, des conseillers, des membres du clergé, des travailleurs sociaux et des médecins peuvent tous réussir à vous aider à mettre en place des changements positifs dans votre vie. Quelquefois, un antidépresseur peut donner un coup de pouce (que ce soit par traitement herboriste ou pharmaceutique) et jouer un rôle utile en donnant le «coup d'envoi».

D'autres traitements pour combattre l'anxiété

L'anxiété accompagne fréquemment la dépression. Alors que les symptômes de l'anxiété peuvent être soulagés grâce au millepertuis, cela ne peut survenir que lorsque l'herbe a déployé l'ensemble de ses effets, au bout de quatre à six semaines. Quelquefois, il est nécessaire de faire appel à un traitement qui agit plus rapidement. À cette fin, la médecine classique utilise un ensemble de médicaments appelés anxiolytiques. Malheureusement, la plupart d'entre eux provoquent l'accoutumance — quelquefois sévèrement — et ils peuvent tous diminuer les fonctions cérébrales. On trouve au moins deux bonnes solutions dans la médecine alternative pour remplacer ces anxiolytiques.

Pour calmer l'anxiété, le traitement herbal le plus valide scientifiquement est la racine de poivrier (*Piper methysticum*), mieux connue sous le nom de kava. Cette variété de poivre est cultivée depuis longtemps en Polynésie et sa racine sert depuis des siècles à fabriquer une boisson euphorisante à usage cérémoniel. À petites doses, cette boisson procure une détente, alors qu'en doses plus fortes, elle entraîne le sommeil.

Les extraits standardisés de kava ont été approuvés en Europe pour le traitement de l'anxiété et de l'insomnie, et on s'en sert largement à cette fin. De nombreuses études à double insu ont prouvé l'efficacité du kava. Par exemple, on a publié en 1991 une étude où l'on avait suivi 85 patients souffrant d'anxiété, la moitié d'entre eux ayant reçu de l'extrait de kava et l'autre moitié, des placebos[68]. Pendant quatre semaines, on administra le test *Hamilton Anxiety Scale* (analogue à l'échelle HAM-D pour la dépression) afin d'évaluer le niveau d'anxiété. La HAM-A pointe des symptômes comme l'agitation, la nervosité, les palpitations cardiaques, les douleurs stomacales, les vertiges et les douleurs à la poitrine. Les patients à qui l'on avait donné du kava plutôt qu'un placebo montrèrent des résultats bien meilleurs que ceux qui avaient reçu un placebo, et sans effets secondaires marquants.

D'autres études ont comparé le kava et l'oxazépam, un anxiolytique traditionnel. Selon une de ces comparaisons, alors que l'oxazépam et les drogues semblables nuisent à la vivacité, le kava peut même améliorer la note des sujets lors de tests visant à mesurer l'acuité mentale[69].

En pratique privée, j'ai quelquefois vu le kava produire des résultats spectaculaires. Par exemple, une patiente se plaignait de dépression, d'anxiété et d'attaques de panique qui étaient survenues dès qu'elle avait reçu son diplôme de l'université. Il sembla que le stress produit par le fait de «faire face au vrai monde» l'avait temporairement submergée. Comme elle préférait nettement un traitement herbal à une médication chimique, je lui suggérai le millepertuis.

Quand elle s'aperçut que les bienfaits ne survenaient pas assez rapidement, elle revint me voir à mon bureau pour me demander autre chose. Je lui suggérai alors des préparations de kava, et en une semaine elle me dit qu'elle s'était sentie beaucoup mieux. Elle en vint à ne plus prendre du tout de millepertuis parce que cela lui irritait l'estomac et elle n'utilisa que du kava de temps en temps pendant environ un an. Au bout de ce temps, elle avait trouvé un emploi et n'eut plus besoin d'aucune forme de traitement.

Malgré ce succès impressionnant, dans la pratique en cabinet, le kava ne s'avère habituellement pas aussi puissant que les médicaments. Toutefois, étant donné qu'il ne comporte pas d'effets secondaires, il vaut la peine de l'essayer d'abord. La dose standard est de 100 milligrammes, 3 fois par jour, d'un extrait standardisé contenant 70 p. 100 de kavalactones.

Cette préparation typique de kava ne constitue cependant pas la forme optimale. Les kavalactones ne semblent pas être les seuls ingrédients qui comptent pour combattre l'anxiété. Tout comme dans le millepertuis, où l'hypéricine n'est pas l'unique facteur en cause, les ingrédients «mineurs» du kava peuvent aussi servir à produire l'effet anxiolytique. En faveur de cette théorie, on sait que des préparations faites entièrement de kavalactones s'avèrent en général moins efficaces que les extraits constitués de 70 p. 100 de cette substance. Selon certains connaisseurs, une concentration de 30 p. 100 serait idéale, parce qu'elle comprend alors de plus hautes concentrations des autres constituantes, non reconnues mais tout aussi importantes.

Les effets anxiolytiques du kava commencent habituellement dès la première semaine et continuent à augmenter pendant deux autres semaines. En doses standard, le kava ne provoque généralement pas d'effets secondaires. Certains rapports indiquent qu'il peut empirer les symptômes de la maladie de Parkinson, ainsi il n'est pas recommandé pour ceux qui souffrent de cette maladie. Des doses 10 fois plus élevées que les doses normales peuvent provoquer des éruptions cutanées particulières, connues sous le nom de dermopathie de kava. Des doses 100 fois plus élevées que les doses standard peuvent provoquer une variété de changements que l'on a observés en laboratoire, bien que les patients chez qui l'on avait observé ces effets aient été également alcooliques, ce qui rend douteuse toute conclusion[70].

En plus du kava, il y a aussi un certain nombre d'herbes qu'on utilise traditionnellement en Europe pour combattre l'anxiété, incluant le houblon, le sabot de Vénus, la calotte, la lobélie et le rauwolfia (griffe du diable). Toutefois, ces autres plantes semblent avoir des effets plutôt doux tout en présentant de réels dangers si on les utilise en doses excessives.

Parmi les autres traitements pratiques pour combattre l'anxiété, on trouve le calcium (1 000 milligrammes par jour), le magnésium (500 milligrammes par jour) et la vitamine B_6 (50 milligrammes par jour). Ces suppléments alimentaires peuvent être particulièrement efficaces quand il s'agit d'anxiété associée au syndrome prémenstruel. L'acupuncture est aussi quelquefois efficace pour combattre l'anxiété.

D'autres traitements pour combattre l'insomnie

L'insomnie est un autre des symptômes accompagnant souvent la dépression. Tout comme pour l'anxiété, il existe un certain nombre de traitements naturels qui peuvent être utiles pour combattre l'insomnie en attendant que le millepertuis fasse effet.

Parmi les traitements naturels servant à combattre l'insomnie, le plus connu est probablement la valériane. De modestes études à double insu ont montré que la valériane était vraiment plus efficace que les placebos, sans toutefois produire de somnolence matinale[71]. Les bienfaits de la valériane pour combattre l'insomnie surviennent sans ces effets secondaires de somnolence matinale, d'envie de dormir durant le jour ou de sommeil agité.

Dans la pratique en cabinet, la valériane est pratique mais rarement aussi puissante que les somnifères pharmaceutiques en pilules. C'est en réalité un sédatif très doux et, malheureusement, ses bienfaits s'estompent habituellement quand on en abuse.

La dose recommandée pour la valériane est de 1 à 2 grammes de racine séchée, ou de 150 à 300 milligrammes d'extrait standardisé pour 0,8 p. 100 d'acide valérique. On devrait en prendre 20 minutes avant d'aller au lit. On considère en général que la valériane est inoffensive, mais elle a une odeur forte et assez désagréable.

Le kava est une autre solution pour combattre l'insomnie, en doses de 200 à 300 milligrammes une heure avant d'aller au lit. Parmi les autres herbes utilisées pour combattre l'insomnie, on trouve le houblon, la passiflore, le sabot de Vénus, la calotte et la lobélie. Ces herbes sont généralement moins efficaces que le kava ou la valériane, et certaines peuvent être dangereuses si l'on en prend trop.

L'acupuncture est occasionnellement très efficace pour combattre l'insomnie. Bien qu'il n'y ait pas de bonnes études pour le prouver sur le plan clinique, certaines personnes arrivent à des résultats spectaculaires et durables en 6 ou 10 sessions d'acupuncture. Mais c'est là une forme de traitement qui coûte relativement cher et dont le taux de réussite générale n'est pas très probant.

Enfin, des enregistrements de visualisation, de la méditation et du yoga peuvent permettre de s'endormir plus facilement et même d'améliorer la qualité du sommeil.

CHAPITRE ONZE

Des pistes pour l'avenir

· De meilleures recherches
· Nouvelles ouvertures dans le processus d'approbation des gouvernements
· Dépasser les préjugés des deux côtés
· Si le millepertuis était approuvé comme médicament
· D'autres traitements, chemin faisant
· Les conséquences sur l'avenir de la médecine alternative

Avec le millepertuis, la médecine herboriste est peut-être sur le bord d'une percée. Jamais auparavant une herbe n'avait-elle atteint une telle reconnaissance et un tel respect, avec un fondement de preuves scientifiques sérieuses. Pourtant, il reste encore bien des obstacles à surmonter avant que les représentants de la médecine classique n'acceptent ce traitement traditionnel. Dans le présent chapitre, je parlerai de quelques étapes que nous devrons bientôt franchir et de la contribution du millepertuis pour l'avenir de la médecine, aussi bien la médecine classique que la médecine parallèle.

Plus de recherches

Jamais une herbe n'a reçu de permis en tant que traitement médical aux États-Unis. Pour cette raison, il faudra atteindre des standards de recherche particulièrement élevés pour franchir les obstacles hérités du passé. Les études scientifiques publiées sur le millepertuis, même si elles sont impressionnantes, continuent de montrer des failles quant à certains points essentiels.

On peut déjà écarter, sans autre forme de procès, plusieurs des accusations portées contre les expériences qui ont été publiées sur le millepertuis. Ainsi, nous n'avons pas à tenir compte des griefs à l'effet que les études ne durent que cinq ou six semaines, car c'est là la durée standard des essais sur les médicaments avant d'obtenir les approbations. Les critiques selon lesquelles le millepertuis n'a pas été évalué pour des dépressions majeures sont également déplacées, car personne ne propose le millepertuis pour traiter les dépressions majeures profondes. Cependant, plusieurs problèmes réels subsistent dans les rapports de recherches et il faut les regarder en face.

· Aucune étude n'a été réalisée aux États-Unis.

· Plusieurs études ont utilisé des systèmes de classification désuets pour évaluer les niveaux de dépression.

· Les médecins exécutant le test HAM-D n'avaient pas suivi de formation commune pour minimiser les variantes dans leurs interprétations des résultats.

· Lors des comparaisons entre le millepertuis et des traitements pharmaceutiques, les doses utilisées pour le médicament-étalon étaient insuffisantes.

En faisant un certain effort, on pourrait surmonter chacune de ces critiques légitimes.

Utiliser des systèmes de classement modernes pour la dépression

Seule l'étude Hansgen (décrite au chapitre 5) s'est servi de définitions de la dépression vraiment à jour, tirées du DSM III.

Toutes les autres études faisaient appel à des systèmes de diagnostic dépassés (ICD-9) et à des termes désuets, comme «dépression névrotique» ou «symptômes psycho-végétatifs». On pourrait facilement remédier à cela dans des tests à venir. Les patients pourraient être choisis sur la base de la définition DSM de la dysthymie ou de la dépression majeure, et la gravité de leur dépression pourrait être classée d'après l'échelle HAM-D.

Formation conjointe pour les médecins

Quand on utilise des échelles d'évaluation comme celle du test HAM-D, on obtient des résultats vraiment plus fiables quand on forme les médecins participants dans des salles de classe communes et qu'on les teste ensuite pour voir s'ils en arrivent aux mêmes évaluations avec des patients choisis. Techniquement, on appelle ce processus «assurer la fiabilité des intervenants». Même si toutes les études sur les antidépresseurs ne font pas appel à cette méthode, les meilleures le font; et cela augmente la crédibilité des résultats. Les expériences américaines sur le millepertuis devraient suivre cette trace.

Améliorer les méthodes de comparaison avec les antidépresseurs chimiques

Comme nous l'avons décrit au chapitre 7, toutes les études publiées comparant le millepertuis à des traitements médicamenteux furent essentiellement invalidées parce qu'elles utilisaient des doses trop faibles du médicament comparé. Le résultat net fait que les études donnent l'impression d'être intentionnellement trompeuses.

Pourtant, les chercheurs allemands qui réalisèrent ces tests de comparaison utilisaient à dessein ces faibles doses de médicaments. Ils savaient que les médicaments provoquent des effets secondaires, et ils voulaient garder intacte la structure à double insu. Si on avait donné de pleines doses de médicaments aux patients, ils auraient pu deviner qu'ils faisaient partie du sous-groupe prenant le médicament plutôt que l'herbe, en constatant qu'ils avaient la bouche sèche et qu'ils ressentaient de la somnolence, ce qui pouvait alors déclencher l'effet placebo.

Mais le fait de réduire la dose de médicament n'était pas non plus la bonne solution pour régler ce problème. Il vaudrait mieux opposer de pleines doses d'antidépresseurs standard (comme l'imipramine) à une combinaison de millepertuis et d'antihistaminique. Les effets secondaires de l'imipramine sont identiques à ceux du Benadryl, et comme personne ne croit que le Benadryl est un antidépresseur en soi, une telle comparaison préserverait le secret et donnerait des résultats plus significatifs.

Pour comparer le millepertuis et le Prozac, peut-être les deux traitements devraient-ils être combinés à de petites quantités de caféine. Cela aurait tendance à égaliser les effets stimulants, à diminuer l'influence de la suggestion et ainsi, à éliminer l'inégalité dans la répartition de l'effet placebo. (Pourquoi combiner la caféine avec les *deux* substances ? Parce que la caféine elle-même peut, occasionnellement, provoquer la dépression, de sorte qu'elle peut être administrée aux deux groupes. De plus, les effets stimulants de la caféine sont plus évidents que ceux du Prozac.)

De telles études devraient également inclure des interrogatoires pour voir si les patients et les médecins arrivent à deviner qui prend quoi. Si les résultats montraient que plus de 50 p. 100 des gens savaient dans quel groupe ils se trouvent, cela voudrait dire que le principe de la double insu n'a pas été maintenu. (Le même type d'interrogatoire devrait d'ailleurs être exigé lors d'essais sur les médicaments !) Si cet interrogatoire montrait que les patients et les médecins restent dans le doute, les résultats seraient d'autant plus crédibles.

Il reste cependant encore l'obstacle des approbations gouvernementales.

Nouvelles ouvertures
dans les processus d'approbation

Pour que le millepertuis devienne le premier traitement herboriste approuvé en tant que médicament, il devrait subir tout le processus de certification du gouvernement[*]. Ce processus est présentement tellement coûteux et ardu que, même si cela changeait, aucune substance non brevetable ne pourrait jamais arriver à en franchir les différentes étapes.

Il y a trois grandes étapes dans le processus d'approbation des médicaments, tel que présentement constitué, à commencer par les études sur les animaux. Comme on l'a mentionné précédemment, il y a une bonne raison pour que ce processus soit aussi complexe : prévenir les désastres. Si de solides études animales avaient été exigées dans les années cinquante, par exemple, la thalidomide n'aurait jamais été lancée sur le marché.

En revanche, plusieurs des méthodes vigilantes établies par les instances gouvernementales n'ont tout simplement pas de bon sens, car certains produits sont déjà largement en usage. Personne n'avait pris de thalidomide avant qu'on invente ce produit. Mais des millions de personnes ont pris du millepertuis en Allemagne, et au moins plusieurs milliers en ont déjà pris aux États-Unis. Il n'y a vraiment aucune raison aujourd'hui de passer par des étapes d'une telle rigueur, comme d'effectuer des tests sur des animaux et de réaliser d'autres tests chez les humains avec des doses réduites. On peut, dès aujourd'hui et tout en respectant l'éthique professionnelle, donner aux gens de pleines doses de millepertuis lors d'essais cliniques, car il y a tant de gens qui en prennent déjà à pleines doses !

Dans la communauté européenne, on a mis en place des processus rationalisés pour simplifier l'approbation des produits déjà reconnus comme étant inoffensifs. De la même façon, le fait d'adopter ici un tel raccourci relèverait du bon sens.

Mais il faut encore une étape supplémentaire. Ceux qui risquent du capital pour réaliser des recherches sur des produits

---

[*] FDA aux États-Unis, Santé Canada au Canada. Rappelons que la situation canadienne n'est pas la même que la situation américaine. Au Canada, il existe un permis pour les traitements herboristes à allégeance médicale. Ces traitements doivent afficher un DIN : Drug Identification Number. Les autres traitements herboristes se présentent comme suppléments alimentaires. (N.d.T.)

non brevetables ont besoin de certaines garanties. Autrement, il n'y a rien pour empêcher les compagnies extérieures d'empocher l'argent une fois que les approbations gouvernementales sont données.

Il existe un précédent aux États-Unis où l'on a donné une appellation spéciale à une catégorie de produits afin d'en faciliter l'approbation et la distribution : le *Orphan Drug Act*. Cette loi, créée en 1983, donne un traitement de faveur à certains médicaments servant à soigner des maladies rares ou inhabituelles. Sans une telle aide, les compagnies pharmaceutiques ne pourraient commercialiser ces médicaments, parce que le marché est limité et elles ne pourraient pas faire assez de profits avec les ventes pour rembourser les frais de la recherche. Des subventions directes, des prêts, des entrées d'argent spéciales et autres primes d'encouragement aident à surmonter cet obstacle financier.

De la même façon, des produits non brevetables méritent une législation particulière. Il est scientifiquement absurde que des produits non brevetables ne puissent être approuvés pour de simples raisons financières. Après tout, il n'y a pas de raison de croire qu'une substance puisse ne pas être bénéfique, simplement parce qu'elle échappe aux lois sur les brevets. Il semblerait même logique de penser que certains produits non brevetables, comme les vitamines et autres suppléments alimentaires, sont sans doute plus sûrs, en moyenne, que les nouveaux médicaments.

Tous les manufacturiers qui fourniraient collectivement pour payer la recherche sur une telle substance pourraient peut-être recevoir une sorte de brevet spécial leur donnant le droit exclusif de commercialiser ce produit pendant un certain nombre d'années. Ou encore, un fonds pourrait être établi pour rembourser les coûts de la recherche par l'entremise d'une taxe sur les futures ventes du produit, peu importe qui le vend, taxe qui disparaîtrait une fois les dépenses initiales remboursées. D'autres encouragements pourraient aussi être nécessaires pour faciliter de telles recherches, utiles mais sans doute peu rentables. Il existe pourtant un autre obstacle majeur à surmonter.

Dépasser les préjugés des deux côtés

Sans doute les grands représentants de la médecine classique résisteraient-ils à toute tentative pour breveter les herbes en tant que médicaments. Les vitamines et autres composés chimiques servant de suppléments alimentaires sont déjà le sujet de vastes études scientifiques et de discussions enthousiastes dans les publications médicales, mais pour les herbes c'est différent.

Les médecins n'hésitent pas à parler de la vitamine E comme d'un remède et à étudier son efficacité pour différentes maladies, car il s'agit d'une substance simple, isolée. Mais comme je le dis au chapitre 9, les herbes mettent les scientifiques mal à l'aise parce qu'elles sont des mélanges complexes de milliers de composés chimiques présents naturellement. Le fait d'utiliser une herbe entière au lieu d'un ingrédient actif fabriqué à partir de cette herbe semble, aux yeux d'un chercheur médical, une technique non fiable et non reproductible qui ne convient pas à l'éthique scientifique.

Ainsi, les tentatives pour légitimer la médecine herboriste rencontrent de la résistance. Les organismes gouvernementaux semblent se mettre en quatre pour approuver les médicaments, même si la preuve de leur efficacité est faible (comme le fait remarquer Peter Breggin de façon si convaincante dans *Talking Back to Prozac*) ; mais ces mêmes organismes lèveraient sans doute de nombreux obstacles avant d'approuver n'importe quelle herbe, peu importe à quel point elle a été bien documentée par des recherches. Seule la pression du public peut triompher de ce préjugé.

Mais il y a tout autant de préjugés de l'autre côté de la barrière. La plupart des thérapeutes des médecines douces sont méfiants à l'égard des organismes gouvernementaux d'approbation, et c'est là une manière polie de le dire. Pendant des décennies, les praticiens des médecines parallèles ont attaqué les organismes gouvernementaux et les compagnies pharmaceutiques comme étant les membres d'une conspiration pour supprimer les traitements naturels sûrs. On ne peut pas mettre facilement de côté un tel épisode. Plusieurs de ceux qui sont engagés dans les médecines douces auraient l'impression de « faire affaire avec le diable » s'ils acceptaient de passer à travers tout le processus nécessaire pour obtenir des approbations pour le millepertuis. Ils aborderaient le processus de façon soupçonneuse et combative, et ils s'attendraient à un piège.

Et l'industrie des suppléments ne risque pas beaucoup de sauter sur l'occasion pour financer des recherches de haute qualité dans le domaine des traitements alternatifs. Après tout, cette industrie de plusieurs milliards de dollars n'a jamais accepté de se plier à des contrôles de qualité standards et uniformes. Bien que ces entreprises se plaignent depuis longtemps de ne pas être traitées avec respect, elles ont également profité de cette situation sur le plan financier à cause du laxisme qui règne dans l'établissement de normes. Le fait de prendre ses responsabilités en trouvant des fonds de recherche indépendants dans des institutions respectables constituerait un nouveau défi auquel s'opposeraient bien des compagnies de suppléments.

On peut néanmoins résoudre ce problème de préjugés mutuels. On peut encourager les organismes gouvernementaux à surmonter leurs objections envers les médicaments herboristes à multi-ingrédients en leur faisant prendre conscience que certains médicaments déjà en usage contiennent aussi de nombreux ingrédients. «Les œstrogènes conjugués», par exemple, sont des mélanges de différentes hormones communément prescrites pour les femmes ménopausées. Et de réputés chercheurs ont récemment montré que la forme de vitamine E appelée «tocophérol mixte» était supérieure à la forme pure appelée «alpha tocophérol». Étant donné ce précédent, on devrait en venir à accepter un extrait d'herbe entière comme le millepertuis.

Dans ce conflit, les partisans des médecines douces devront changer leur point de vue en cessant d'être d'éternels combattants et en envisageant la possibilité de s'intégrer au système. Il y a un précédent à cela aussi. Tout comme la génération des années soixante a finalement décidé de travailler dans le système pour le changer au lieu de le dénigrer de l'extérieur, la médecine parallèle peut emprunter le même chemin et endosser les potentialités et les responsabilités qui vont avec le fait d'accepter une situation moins extrême.

Si le millepertuis était approuvé comme médicament

Si l'on arrivait à surmonter les nombreux obstacles décrits plus haut, le millepertuis pourrait aussi bien devenir la première herbe à obtenir les approbations recherchées. Comme conséquence, on risquerait de voir les médecins commencer à en prescrire et un nombre beaucoup plus grand de patients seraient encouragés à l'essayer. Des millions de personnes bénéficieraient de cela, alors qu'aujourd'hui elles endurent les effets secondaires de médicaments de prescription ou elles acceptent de vivre avec des dépressions légères ou moyennes parce qu'elles ne peuvent tolérer ces effets secondaires.

Grâce aux examens minutieux des instances gouvernementales, les préparations de millepertuis deviendraient plus standardisées et fiables, et la question persistante de la qualité du produit s'estomperait. De plus, le succès de cette herbe habituerait les médecins et les patients à accepter, de façon générale, les traitements herboristes. Cela contribuerait à instaurer à nouveau, dans le monde de la médecine classique, l'éthique selon laquelle on devrait « rester proche de la nature ».

Un tel changement est déjà entamé. Il n'y a pas si longtemps, seulement quelques décennies, les médecins recommandaient du lait en formule plutôt que le lait maternel parce que c'était « plus scientifique ». Les médecins ne se préoccupaient à peu près pas de régime alimentaire et de nutrition, laissant des patients d'hôpitaux affamés à force d'être nourris de glucose IV sous perfusion et ignorant les bienfaits d'un régime sain comme prévention des maladies. Mais aujourd'hui, même les institutions médicales les plus conservatrices accordent passablement d'attention à la nutrition.

Récemment, j'ai été très surpris d'entendre à la radio une entrevue réalisée à l'Institut de cancer Sloan Kettering, où la personne interviewée recommandait, pour prévenir le cancer, un régime haut en fibres, en fruits et en légumes, et faible en gras. « Les régimes alimentaires constituent le plus excitant des nouveaux défis dans la recherche sur le cancer », dit-il en conclusion. À ces mots, je faillis emboutir l'auto devant moi.

Si le millepertuis recevait les approbations officielles, cela faciliterait l'évolution de ce processus. La culture de la médecine classique s'ouvrirait juste un peu et les médecins seraient rapidement encouragés à jeter un coup d'œil plus sympathique sur de nombreuses approches qui sont présentement dites « parallèles ».

D'autres traitements, chemin faisant

De nombreuses vitamines et suppléments alimentaires sont déjà sur la voie rapide en route vers des approbations. Dans la documentation médicale, on parle souvent de la vitamine E comme d'un remède, et d'autres antioxydants font présentement l'objet d'études intensives, comme la vitamine C et la carotène. Parmi les autres candidats risquant d'être approuvés en tant que médicaments, à la suite des résultats de recherches, on trouve la glucosamine (ostéoarthrite), la coenzyme Q_{10} (hypertension, insuffisance coronarienne par obstruction et myocardiopathie), la mucopolysaccharide de l'aorte (veines varicosées et hémorroïdes), la phosphatidyl-choline (problèmes de foie, cholestérol élevé), la carnitine (diverses maladies cardiovasculaires), la phosphatidyl-sérine (confusion mentale chez les gens âgés) et les acides gras oméga-3 (maladies cardiovasculaires, arthrite rhumatoïde).

En plus de ces suppléments alimentaires d'origine chimique, un certain nombre d'extraits d'herbes standardisés sont également de bons candidats à l'approbation : le chrysanthème matricaire (migraines), l'ail (taux élevé de cholestérol et autres facteurs de risques de maladies cardiovasculaires), le ginkgo (insuffisance vasculaire cérébrale et périphérique), l'hydraste du Canada (antibiotique topique), le chou palmiste nain (hypertrophie bénigne de la prostate), l'aubépine (arythmies mineures), le chardon-Marie (problèmes de foie), le curcuma (arthrite rhumatoïde), et le uva-ursi (infections des voies urinaires).

On accepte de plus en plus un certain nombre d'autres approches parallèles. La chiropractie, les visualisations, l'acupuncture et la massothérapie en sont quelques exemples bien connus.

Les conséquences pour l'avenir des médecines parallèles

Jusqu'à ces toutes dernières années, la médecine parallèle a subi (et quelquefois apprécié) la position d'exclus. Elle n'a pas bénéficié de la respectabilité générale, des fonds de recherche et de tous les autres avantages liés au prestige. En fait, les grandes institutions classiques de la médecine se sont efforcées assez religieusement d'enrayer, ou à tout le moins d'ignorer, les traitements parallèles. Réciproquement, la médecine parallèle a longtemps utilisé les prérogatives des défavorisés pour se plaindre inconsidérément de la manière dont elle était traitée et pour critiquer la médecine classique.

Toutefois, si le millepertuis et les autres traitements aux herbes finissaient par être acceptés, la médecine parallèle se trouverait elle-même sur le point de devenir la norme. Cela ferait l'affaire de certains, mais d'autres en seraient horripilés.

Une partie des tenants des médecines parallèles languit après la reconnaissance scientifique. L'Université Bastyr, à Seattle, est l'une des institutions représentant cette tendance, et plusieurs de ses diplômés travaillent fort pour faire évoluer cet aspect scientifique de la médecine parallèle. On y recherche des preuves formelles au sein de recherches où l'on fait appel à l'exactitude de la biochimie, et les chercheurs y instaurent et y dirigent leurs propres expériences scientifiques.

Mais il y a aussi un très grand segment de la médecine parallèle qui ne désire pas du tout se joindre au train en marche vers la science. Les praticiens de ce camp favorisent les aspects intuitifs, flous et subjectifs de la guérison. Selon eux, dès qu'un traitement devient scientifiquement respectable, il cesse d'être un véritable traitement parallèle et s'allie à la culture mécaniste et déshumanisée de la médecine classique, une culture du « cerveau gauche ». Ils préfèrent fonctionner dans un monde placé sous l'emprise de l'intuition, de la sensibilité et des talents personnels.

Ces adeptes de l'approche du « cerveau droit » ne seront pas les seuls à voter contre. Il existe également une tendance rebelle chez les tenants de la médecine parallèle où l'on doute instinctivement de tout ce que la médecine classique accepte, même s'il s'agit de traitements humains, simplement parce que la médecine classique l'accepte, et on préférera n'importe quel traitement, même s'il s'agit de traitements basés sur la technologie auxquels la médecine classique s'oppose. Dans ce groupe, on trouve de nombreux partisans des thérapies intraveineuses. Si le millepertuis devenait un médicament approuvé, de telles personnes trouveraient vite de bonnes raisons de le condamner !

Enfin, la médecine parallèle satisfait également au désir de cures simplistes et miraculeuses. Ce désir ne mourra jamais, même s'il n'est jamais comblé. Aucune évaluation sérieuse de l'efficacité d'un traitement n'arrivera à combler les gens qui adoptent cette perspective.

Pour toutes ces raisons, certaines facettes des traitements parallèles sont destinés à rester exclus de la médecine reconnue. Mais en combinant la tradition et les vérifications scientifiques modernes, le millepertuis pourra contribuer à tracer la voie d'un rapprochement partiel entre les médecines classique et parallèle.

Annexe
Résumé des rapports de recherches sur le millepertuis

Les extraits standardisés de millepertuis ont fait l'objet de vastes investigations en Allemagne comme traitement de la dépression légère et moyenne (avec des résultats HAM-D sous 25 points). Parmi ces recherches, la meilleure est probablement celle qui a été réalisée en 1993 par le médecin allemand K. D. Hansgen et ses collègues[1]. Pour cette expérience, qui dura quatre semaines, on avait choisi — dans 11 cabinets de médecins différents — 72 patients moyennement dépressifs, selon les critères DSM III de la dépression majeure. Ils étaient ensuite répartis au hasard en deux groupes : l'un d'eux recevait des placebos et l'autre, 300 milligrammes 3 fois par jour d'un extrait de millepertuis standardisé contenant 0,3 p. 100 d'hypéricine.

Les résultats initiaux aux tests HAM-D présentaient en moyenne 21,8 points dans le groupe de millepertuis. En 4 semaines, ces résultats étaient tombés à 9,2 points. Dans le groupe de placebos, les résultats HAM-D n'avaient chuté que de la moitié par rapport à l'autre groupe, ce qui donnait une différence significative sur le plan statistique ($p < .001$). Au-delà de 80 p. 100 des patients prenant du millepertuis avaient amélioré leurs résultats de façon significative (plus de 50 p. 100 de chute dans les résultats HAM-D), alors que seulement 26 p. 100 des membres du groupe prenant un placebo avaient réagi. Il y eut cinq abandons, surtout à cause du fait que la dépression s'était aggravée chez certains membres de ce groupe.

En 1996, on ajouta 36 patients à l'expérience et on reprit la même méthodologie de recherche. Les résultats suivirent la même courbe que précédemment[2].

Dans les autres études effectuées sur le millepertuis, on fit appel aux anciens critères d'évaluation de la dépression ICD-9.

Dans l'une de ces études, l'efficacité du millepertuis fut évaluée chez 105 patients légèrement dépressifs (une moyenne HAM-D d'environ 16 points) venus de 3 cabinets de médecins[3]. À la fin de l'essai de 4 semaines, 67 p. 100 des patients sur le millepertuis montraient des réactions favorables au traitement (plus de 50 p. 100 de réduction aux résultats HAM-D), comparé à seulement 28 p. 100 des patients sur le placebo. On remarqua des améliorations significatives surtout sur le plan des humeurs, de l'anxiété et de l'insomnie.

Une des études sur le millepertuis qui dura le plus longtemps fut exécutée en 1991. On y suivit 50 patients pendant 8 semaines et, une fois de plus, l'herbe s'avéra significativement plus efficace que le placebo[4]. Encore une autre étude en circuit réalisée en 1991 montra des résultats positifs chez 116 patients suivis pendant 6 semaines[5]. Cette étude souffrait toutefois d'une faille importante : le millepertuis était administré sous forme de gouttes, ce qui peut avoir permis aux patients de distinguer le placebo du millepertuis d'après le goût.

En tout, on dénombre 14 études randomisées à double insu pour comparer le millepertuis à des placebos[6]. En 1995, E. Ernst sélectionna les recherches effectuées en fonction de nouveaux critères et réduisit le nombre à 9 études comparant le millepertuis à des placebos et comprenant 635 patients[7]. Les résultats cumulatifs montrent incontestablement que le millepertuis est un traitement efficace pour combattre la dépression.

Six expériences ont comparé le millepertuis avec des anti-dépresseurs tricycliques. Malheureusement, elles sont toutes boiteuses parce qu'on y a utilisé des doses sous-thérapeutiques du médicament comparé.

Le mécanisme

On ne connaît toujours pas le mécanisme d'action du millepertuis.

Les premières recherches ont montré que les extraits de millepertuis peuvent inhiber l'enzyme mono-amino-oxydase *in vitro*.[8] Des investigations ultérieures ont cependant montré que les dosages de millepertuis pris par voie orale, comme c'est la pratique normalement, sont probablement beaucoup trop faibles pour inhiber la mono-amino-oxydase *in vivo*[9]. Comme on le note ci-après, on n'a jamais observé de réactions comparables aux IMAO avec le millepertuis.

Plus récemment, certaines recherches se sont concentrées sur la sérotonine. Dans une de ces études, les chercheurs ont observé que l'extrait de millepertuis supprimait l'expression des récepteurs de sérotonine dans les cellules de neuroblastome[10]. Dans une autre étude, on nota des élévations des niveaux de sérotonine et de dopamine dans le cerveau de rats et de souris auxquels l'on avait donné des extraits de millepertuis[11].

Les effets secondaires

Dans la vaste expérience effectuée en Allemagne sur le millepertuis comme traitement de la dépression, on n'a rapporté aucun cas de conséquences défavorables sérieuses[12]. En particulier, on n'a rapporté aucune réaction de type IMAO.

Dans une étude ouverte sur les drogues et faisant appel à 3 250 patients prenant des extraits de millepertuis pendant 4 semaines, l'incidence globale d'effets secondaires fut de 2,4 p. 100[13]. Les effets secondaires les plus souvent rapportés étaient de légers malaises à l'estomac (0,6 p. 100), des réactions allergiques (0,5 p. 100), de la fatigue (0,4 p. 100) et de l'agitation (0,3 p. 100). Seulement 1,5 p. 100 des patients abandonnèrent l'étude à cause de réactions défavorables.

L'incidence globale des effets secondaires dans les études à double insu qui comparaient le millepertuis et des placebos fut de 4,1 p. 100[14]. Toutefois, les études qui comparaient l'efficacité du millepertuis et des médicaments tricycliques rapporta une incidence plus élevée d'effets secondaires, tout comme celles qui utilisaient des préparations combinant le millepertuis avec d'autres herbes. C'est là le résultat aberrant de ces études qui ont quelquefois fait monter le taux d'effets secondaires jusqu'à 19,8 p. 100[15]. On doit considérer que ces chiffres sont gonflés.

On a observé des phénomènes de photosensibilisation chez des animaux qui avaient brouté dans des champs de millepertuis. Toutefois, cet effet secondaire n'a jamais été rapporté parmi les humains qui prenaient du millepertuis par voie orale[16].

Notes de l'annexe

1. Hansgen, K. D., et al. Multicenter double-blind study examining the antidepressant effectiveness of the hypericum extract LI 160. *Journal of Geriatric Psychiatry and Neurology*, 1994, 7 (suppl. 1), S15-S18.

2. Hansgen, K. D., et al. Antidepressive Wirksamkeit eines hochdosierten Hypericum-Extraktes. *Munch. Med. Wschr.*, 1996, 138, 35-39.

3. Harrer, G., et al. Placebo-controlled double-blind study examining the effectiveness of an hypericum preparation in 105 mildly depressed patients. *Journal of Geriatric Psychiatry and Neurology*, 1994, 7 (suppl. 1), S9-S11.

4. Reh, C., et al. Hypericum-Extrakt bel Depressionen — eine wirksame. *Alternative Therapiewoche*, 1992, 42, 1576-1581.

5. Harrer, G., et al. «Alternative» Depressionsbehandlung mit einem Hypericum-Extrakt. *Therapiewoche Neurologie/Psychiatrie*, 1991, 5, S710-S716.

6. Linde, K., et al. St. John's wort for depression: An overview and meta-analysis of randomised clinical trials. *British Medical Journal*, 1996, 313, 253-258.

7. Ernst, E., St. John's wort, an anti-depressant? A systematic, criteria-based review. *Phytomedicine*, 1995, 2 (1), 67-71.

8. Suzuki, O., et al. Inhibition of monoamine oxidase by hypercin. *Planta Medica*, 1984, 50, 2722-2724.

9. Bladt, S., et al. Inhibition of MAO by fractions and constituents of hypericum extract. *Journal of Geriatric Psychiatry and Neurology*, 1994, 7 (suppl. 1), S57-S59.

10. Muller, W. E. G., et al. Effects of hypericum extract on the expression of serotonin receptors. *Journal of Geriatric Psychiatry and Neurology*, 1994, 7 (suppl. 1), S63-S64.

11. Winterhoff, H., et al. Pharmacological screening of hypericum perforatum L. in animals. *Nervenheilkunde*, 1993, 12, 341-345.

12. Smet, P., and Nolen, W. St. John's wort as an anti-depressant. *British Medical Journal*, 1996, 3, 241-242.

13. Woelk, H., et al. Benefits and risks of the hypericum extract LI 160: Drug monitoring study with 3 250 patients. *Journal of Geriatric Psychiatry and Neurology,* 1994, 7 (suppl. 1), S34-S38.

14. Linde, K., et al. 1996.

15. *Ibid.,* p. 253.

16. Seigers, C. P., et al. Phototoxicity caused by hypericum. *Nervenheilkunde,* 1993, 12, 320-322.

Notes

1. Balon, R. et al. Sexual dysfunction during antidepressant treatment. *Journal of Clinical Psychiatry*, 1993, 54, 209-212.

2. Linde, K., et al. St. John's wort for depression: An overview and meta-analysis of randomised clinical trials. *British Medical Journal*, 1996, 313, 253-258.

3. Association médicale américaine. *Drug Evaluation Subscription*, 1990, 1, 1-13.

4. Hansgen, K. D., et al. Une étude à double-insu examinant l'efficacité antidépressives d'extraits d'hypericum LI 160. *Journal of Geriatric Psychiatry and Neurology*, 1994, 7 (suppl.1), S15-S18.

5. Hansgen,, K. D., et al. Antidepressive Wirksamkeit eines hochdosierten Hypericum-Extraktes. *Munch. Med. Wschr.*, 1996, 138, 35-39.

6. Harrer, G., et al. Placebo-controlled double-blind study examining the effectiveness of an hypericum preparation in 105 mildly depressed patients. *Journal of Geriatric Psychiatry and Neurology*, 1994, 7 (suppl. 1), S9-S11.

7. Reh, C., et al. Hypericum — Extrakt bel Depressionen — eine wirksame. *Alternative Therapiewoche*, 1992, 42, 1576-1581.

8. Harrer, G., et al. «Alternative» Depressionsbehandlung mit einem Hypericum-Extrakt. *Therapiewoche Neurologie/Psychiatrie*, 1991, 5, S710-S716.

9. Ernst, E. St. John's wort, an anti-depressant? A systematic, criteria-based review. *Phytomedicine*, 1995, 2 (1), 67-71.

10. Linde, K., et al. 1996

11. Smet, P., and Nolen, W. St. John's wort as an anti-depressant. *British Medical Journal*, 1996, 3, 241-242.

12. *Physician's Desk Reference* (p. 938). Montvale, N.J.: Medical Economics Company, Inc., 1997.

13. Suzuki, O., et al. Inhibition of monoamine oxidase by hypericin. *Planta Medica*, 1984, 50, 272-274.

14. Bladt, S., et al. Inhibition of MAO by fractions and constituents of hypericum extract. *Journal of Geriatric Psychiatry and Neurology*, 1994, 7 (suppl. 1), S57-S59.

15. Muller, W. E. G., et al. Effects of hypericum extract on the expression of serotonin receptors. *Journal of Geriatric Psychiatry and Neurology,* 1994, 7 (suppl. 1), S63-S64.

16. Winterhoff, H., et al. Pharmacological screening of hypericum perforatum L. in animal. *Nervenheilkunde,* 1993, 12, 341-345.

17. Smet, P., and Nolen, W. 1996.

18. Woelk, H., et al. Benefits and risks of the hypericum extract LI 160: Drug monitoring study with 3 250 patients. *Journal of Geriatric Psychiatry and Neurology,* 1994, 7 (suppl. 1), S34-S38.

19. Linde, K., et al. 1996.

20. *Ibid.,* 253-258.

21. *Physician's Desk Reference,* (p. 936). Montvale, N.J.: Medical Economics Company, Inc., 1997.

22. Smet, P., and Nolen, W. 1996.

23. Seigers, C. P., et al. Phototoxicity caused by hypericum. *Nervenheilkunde,* 1993, 12, 320-322.

24. Mcauliffe, V., et al. A phase I dose escalation study of synthetic hypericin in VIH infected patients. *National Conference Human Retroviruses Related to Infection,* 1993, (1st), 159.

25. Linde, K., et al. 1996.

26. Smet, P., and Nolen, W. 1996.

27. Weiss, R. F. *Herbal Medicine,* 1988, (pp. 295-297), traduit en anglais par A.R. Meuss, Angleterre: Beaconsfield Publishers Ltd.

28. Kreitsch, K., et al. Prevalence, pressenting symptoms and psychological characteristics of individuals experiencing a diet-related mood disturbance. *Behav. Ther.,* 1988, 19, 593-604.

29. Vorbach, E. V., et al. Effectiveness and tolerance of the hypericum extract LI 160 in comparison with imipramine: Randomized double-blind study with 135 outpatients. *Journal of Geriatric Psychiatric and Neurology,* 1994, 7 (suppl. 1), S19-S23.

30. Thase, M., et al. A placebo-controlled, randomized clinical trial comparing sertraline and imipramine for the treatment of dysthymia. *Archives of General Psychiatry,* 1996, 53 (9), 777-784.

31. Harrer, G., et al. Effectiveness and tolerance of the hypericum extract LI 160 compared to maprotiline: A multicenter double-blind study. *Journal of Geriatric Psychiatry and Neurology,* 1994, 7 (suppl. 1), S24-S28.

32. Smet, P., and Nolen, W. 1996.

33. Dunlop, S. R., et al. Le modèle d'analyse montre l'effet bénéfique du traitement au fluoxetine dans la dépression faible. *Psychopharmacology Bulletin,* 1990, 26, 173-180.

34. Harrer, G., et al. 1994, S9-S11.

35. Thase, M., et al. 1996.

36. Stewart, J. W., et al. Treatment outcome validation of DSM-II depressive subtypes. *Archives of General Psychiatry,* 1985, 42, 1148-1153.

37. Linke, K., et al. 1996.

38. Weiss, R. F. *Herbal Medicine,* 1988, (p. 228) traduit par A.R. Meuss. Angleterre: Beaconsfield Publishers Ltd.

39. Greenberg, R. P., et al. Une métaanalyse des résultats de la fluoxetine dans le traitement de la dépression. *Journal of Nervous and Mental Diseases,* 1994, 182 (10), 547-551.

40. Woelk, H., et al. 1994.

41. Linde, K., et al. 1996.

42. Balon, R., et al. 1993.

43. Linden, J., et al. Fluoxetin in der Anwendung durch niedergelassene Nervenarzte. *Munch. Med. Wschr.,* 1992, 134, 836-840.

44. Stokes, P. E. Fluoxetine: A five-year review. *Clinical Therapeutics,* 1993, 15 (2), 216-243.

45. *Ibid.*

46. Vorbach, E.V., et al. 1994.

47. Thase, M. et al. 1996.

48. Harrer, G., et al. 1994, S24-S28; Vorbach, E. V. 1994.

49. Katon, W. The epidemiology of depression in medical care. *Int. J. Psychiatry Med.,* 1987, 17, 93-112.

50. Broadhead, W. E., et al. Depression, disability days, and days lost from work in a prospective epidemiologic survey. *JAMA,* 1990, 264, 2524-2528.

51. Wells, K. B., et al. The functioning and well-being of depressed patients: Results from the medical outcomes study. *JAMA,* 1989, 262, 914-919.

52. Hubner, W. D., et al. Hypericum treatment of mild depressions with somatic symptoms. *Journal of Geriatric Psychiatry and Neurology,* 1994, 7 (suppl. 1), S12-S14.

53. Linde, K., et al. 1996.

54. Hansgen, K. D., et al. 1994.

55. Woelk, H., et al. 1994.

56. Murray, M. *The Healing Power of Herbs: The Enlightened Person's Guide to the Wonders of Medicinal Plants,* 1995, (p. 145). Rocklin: Prima Publishing.

57. Eckmann, F. Cerebral insufficiency treatment with ginkgo-biloba extract: Time of onset of effect in a double-blind study with 60 inpatients. *Fortxchr. Med.,* 1990, 108, 557-560.

58. Schubert, H., et al. Depressive episode primarily unresponsive to therapy in elderly patients: Efficacy of ginkgo-biloba (Egb 761) in combination with antidepressants. *Geriatr. Forsch.,* 1993, 3, 45-53

59. Huguet, F., et al. Decreased cerebral 5-HT receptors durint aging: Reversal by ginkgo-biloba extract (Egb 761). *J. Pharm. Pharmacol.,* 1994, 46, 316-318.

60. Murray, M. 1995.

61. Heller, B. Pharmacological and clinical effects of D-phenylalanine in depression and Parkinsons's disease. In *Noncatecholic Phenylethylamines, Part 1,* 1978, (pp. 397-417), publié par Mosnaim and Wolf. New York: Marcel Dekker.

62. Beckmann H., et al. DL-phenylalanine versus imipramine: A double-bind controlled study. *Arch. Psychiat. Nervenkr.,* 1979, 227, 49-58. Voir aussi Beckmann, H. Phenylalanine en affective disorders. *Adv. Biol. Psychiatry,* 1983, 10, 137-147.

63. Cenachi, T., et al. Cognitive decline in the elderly: A double-blind, placebo-controlled multicenter study on efficacy of phosphatidyl serine administration. *Aging,* 1993, 5, 123-133.

64. *Ibid.*

65. Maggioni, M., et al. Effects of phosphatidyl serine therapy in geriatric patients with depressive disorders. *Acta Psychiatr. Scand.,* 1990, 81, 265-270.

66. Werbach, M. *Nutritionnal Influences on Mental Illness,* 1991, (pp. 255-271). Tarzana, CA: Third Line Press.

67. Bratman, S. *The Alternative Medicine Sourcebook: A Realistic Evaluation of Alternative Healing Methods,* 1997, (pp. 93-94). Los Angeles: Lowell House.

68. Kinzler, E., et al. Clinical efficacy of a kava extract in patients with anxiety syndrome: Double-blind placebo controlled study over 4 weeks. *Arzneim. Forsch.,* 1991, 41, 584-588.

69. Munte, T. F., et al. Effects of oxazepam and an extract of kava roots (*piper methysticum*) on event-related potentials in a word recognition task. *Neuropsychobiol.,* 1993, 27, 46-53.

70. Mathew, J. D., et al. Effects of the heavy usage of kava on physical health: Summary of a pilot survey in an Aboriginal community. *Med. J. Aust.,* 1988, 2148, 548-555.

71. Lindahl, O., et al. Double-blind study of a valerian preparation. *Pharmacol. Biochem. Behav.,* 1989, 432 (4), 1065-1066; Leathwood, P. D., et al. Aqueous extract of valerian reduces latency to fall asleep in man. *Planta medica,* 1985, 54, 144-148.

Table des matières

Transcontinental
IMPRESSION
IMPRIMERIE GAGNÉ

IMPRIMÉ AU CANADA